W0252980

MiCROSCOPi

MiCROSCOPi

Collana diretta da Massimo Temporelli

Che cosa fa la scienza? Che limiti ha la tecnologia? Come stanno cambiando la società e il nostro mondo?... La collana *Microscopi* prova a rispondere a queste e altre domande in modo brillante e non accademico.

Un taglio agile e disincantato, un linguaggio alla portata di tutti, autori giovani e vicini al mondo della ricerca: ecco i tratti salienti di una collana per informarsi in modo veloce ed efficace sui principali argomenti della scienza e della tecnologia. Quelli che stanno sempre di più cambiando la nostra vita.

I titoli della collana *Microscopi* si articolano in diversi filoni legati ai temi della divulgazione scientifica, delle frontiere tecnologiche e delle sue applicazioni, delle biografie di scienziati, inventori e movimenti, delle idee e delle scoperte che hanno segnato la storia dell'umanità.

Giorgio Chinnici

Turing

L'Enigma di un genio

EDITORE ULRICO HOEPLI MILANO

Copyright © Ulrico Hoepli Editore S.p.A. 2016
via Hoepli 5, 20121 Milano (Italy)
tel. +39 02 864871 – fax +39 02 8052886
e-mail hoepli@hoepli.it

www.hoepli.it

Tutti i diritti sono riservati a norma di legge
e a norma delle convenzioni internazionali

Le fotocopie per uso personale del lettore possono essere effettuate nei limiti del 15% di ciascun volume / fascicolo di periodico dietro pagamento alla SIAE del compenso previsto dall'art. 68, commi 4 e 5, della legge 22 aprile 1941 n. 633.
Le fotocopie effettuate per finalità di carattere professionale, economico o commerciale o comunque per uso diverso da quello personale possono essere effettuate a seguito di specifica autorizzazione rilasciata da CLEARedi, Centro Licenze e Autorizzazioni per le Riproduzioni Editoriali, Corso di Porta Romana 108, 20122 Milano, e-mail autorizzazioni@clearedi.org e sito web www.clearedi.org.

ISBN 978-88-203-7475-4

Ristampa:

4 3 2 1 0 2016 2017 2018 2019 2020

Tutti gli estratti e le citazioni riportate nel volume sono traduzioni dell'autore.

Progetto editoriale e realizzazione: Maurizio Vedovati – Servizi editoriali (info@iltrio.it)
Copertina: Sara Taglialegne

Stampa: L.E.G.O. S.p.A., stabilimento di Lavis (TN)

Printed in Italy

SOMMARIO

A Clotilde,
e anche a Grimilde.

Se ti ostinassi a pensare che sono un robot, non mi considereresti capace di amare in un qualche mistico senso umano, ma non saresti in grado di distinguere le mie reazioni da ciò che chiameresti amore – perciò che differenza farebbe?

Isaac Asimov, *L'orlo della Fondazione* (1982)

Tutte le citazioni presenti nel testo sono traduzioni dell'autore.

Tutte le figure di cui non viene citata la fonte sono realizzazioni dell'autore.

INTRODUZIONE

È possibile capire fino in fondo, e quindi codificare, i meccanismi della mente umana? Fino a che punto se ne possono replicare le prestazioni mediante una macchina?

Sono queste le domande che, come un sottile filo rosso, intrecciano e collegano tutta l'opera di Alan Turing; questo è ciò che mi ha subito colpito e che, come un magnete, mi ha attirato verso la figura di questo genio visionario in anticipo sui tempi. Un'opera, la sua, che ha lasciato un'impronta indelebile e un contributo sostanziale al pensiero umano, nonostante egli non sia vissuto a lungo e non sia mai stato un gran promotore dei suoi stessi risultati.

Per questa ragione ho voluto raccontare che cosa Alan Turing ha fatto. In maniera chiara e comprensibile a tutti, ma al tempo stesso rigorosa sia sul piano scientifico sia su quello storico, e senza appesantire la narrazione con troppi dettagli tecnici o biografici.

Questo libro ripercorre cronologicamente le tappe fondamentali della vita di Turing e gli ambiti di studio a cui si è progressivamente dedicato: la matematica, la crittografia, l'elettronica, il computer, l'informatica, l'intelligenza artificiale, gli scacchi, la biologia.

Ho cercato di esporre e spiegare l'opera di Turing. Qual è il significato dei suoi risultati in logica matematica, che sembrano porre dei limiti a ciò che la mente può fare? Che cos'è la macchina di Turing? Come funzionava Enigma, la macchina dei nazisti, e come ha fatto Turing a decifrarla? Con quali mezzi si può realizzare una macchina di calcolo? Quali erano le idee di Turing sull'intelligenza artificiale e come funziona il celebre test da lui proposto? L'elenco delle questioni che si impongono davanti a un personaggio come Alan Turing certo non si ferma qui. Perciò ho cercato una sintesi e una trattazione non convenzionale, con lo scopo di fornire al lettore un punto di vista differente su alcuni fondamentali aspetti della storia delle idee.

Capitolo I

LA MENTE

Turing a Cambridge: logica

Durante i primi mesi del 1935 il professor Max Newman tenne presso il Saint John's College a Cambridge un ciclo di lezioni sui fondamenti della matematica, un campo di studi che si occupa delle basi filosofiche e logiche di questa disciplina. In particolare, Newman iniziò con l'illustrare a riguardo le tesi di David Hilbert, una delle figure di maggior rilievo della matematica di tutti i tempi.

Il Saint John's è uno dei college che formano l'Università di Cambridge, uno dei più antichi e prestigiosi insieme al Trinity e al King's. E proprio dal vicino King's College veniva uno dei pochi partecipanti alle lezioni di Newman: il ventiduenne studente laureato Alan Turing.

Il giovane Alan era arrivato a Cambridge nel 1931 per studiare matematica e aveva portato a termine il suo primo corso di studi nel 1934 con "first-class honours in mathematics". La sua passione per la matematica, insieme alle sue eccezionali doti mentali, erano già emerse quando ancora frequentava la scuola superiore a Dorset. Ma ciò che è peculiare in Turing è il fatto che egli unisse a questa predisposizione per la logica una sorprendente abilità pratica.

Lo stereotipo del matematico suole raffigurare un individuo perso nelle sue elucubrazioni mentali di alto livello e peraltro totalmente incapace in qualunque attività di routine quotidiana. Turing, distratto, ingenuo, insofferente a qualunque disciplina, e anche un po' eccentrico, certamente ne era una rappresentazione.

Tuttavia, oltre che il germe del matematico egli covava evidentemente in sé anche quello dell'ingegnere, o meglio dell'inventore, dato che da ragazzo per esempio progettò e costruì una penna stilografica di sua invenzione, nonché una dinamo per bicicletta e una macchina per scrivere. In entrambi questi due aspetti, complementari più che contraddittori, Turing tuttavia voleva fare da solo, preferiva inventare lui una soluzione originale più che cercare quella proposta da altri. Questo doppio aspetto logico-applicativo lo accompagnò per tutta la sua purtroppo breve vita.

Il matematico britannico Peter Hilton, che lo conobbe a Bletchley Park, disse di lui:

> Alan Turing era ovviamente un genio, ma un genio gentile e aperto. Era sempre disponibile a impiegare del tempo per spiegare le sue idee; ma non era uno stretto specialista, il suo versatile pensiero spaziava su una vasta area delle scienze esatte.

Turing come matematico si era occupato fino a quel momento di cose come la teoria dei gruppi o il formalismo matematico della meccanica quantistica elaborato da John von Neumann, allievo e assistente di Hilbert a Göttingen e che Turing ritroverà poi a Princeton. Tuttavia, le lezioni di Newman attirarono la sua attenzione come un magnete, e indirizzarono i suoi interessi verso la logica e i fondamenti della matematica.

Come vedremo nel seguito, la soluzione di uno dei grandi problemi dei fondamenti posti da David Hilbert, il problema della decisione, implicava di trovare innanzitutto la maniera in cui un generico procedimento di calcolo, e dunque un processo mentale, potesse essere definito in maniera matematicamente precisa, e dunque algoritmica, e dunque "meccanica". Turing trovò questa maniera, e la sua soluzione del problema fu veramente originale, sebbene decisamente non nella direzione attesa da Hilbert. E, immancabilmente, egli compì poi il passo successivo, ossia quello di concepire un oggetto meccanico, una macchina che fosse in grado di eseguire quello stesso procedimento.

Figura 1.1 – Alan Turing (*fonte*: Wikimedia Commons).

Nel giro di poco più di un anno dalle lezioni di Newman, Turing scrisse un articolo fondamentale per la matematica e i suoi fondamenti, e che contemporaneamente pose il germe per lo sviluppo del computer e della futura informatica. Come anche è avvenuto per altri lavori scientifici che hanno cambiato per sempre il campo del sapere a cui si riferivano (si pensi all'articolo di Einstein del 1905 sulla teoria della relatività, intitolato *Sull'elettrodinamica dei corpi in movimento*), lo storico articolo di Turing recava un titolo oscuro, per addetti ai lavori e apparentemente insignificante: *Sui numeri computabili, con un'applicazione al problema della decisione* (*On Computable Numbers, with an Application to the Entscheidungsproblem*). L'articolo fu ricevuto il 28 maggio 1936 dai Proceedings of the London Mathematical Society e vi apparve il 12 novembre.

Ma torniamo a quei primi mesi del 1935. Turing non era certo il tipo da lasciarsi spaventare, come evidentemente fu il caso per altri studenti di Cambridge, dalla presunta difficoltà della questione dei fondamenti, e iscrivendosi al corso di Newman era invece ben conscio del ruolo centrale che tale questione rivestiva.

L'enorme sviluppo e specializzazione che la matematica aveva conosciuto nel XIX secolo era stato reso possibile dall'applicazione sistematica di metodi rigorosi, che rendevano questa scienza la scienza esatta per antonomasia e che anzi la incoronavano regina di tutte le scienze. Basti pensare alla sistematizzazione che Cauchy e Weierstraß fecero dell'analisi infinitesimale introdotta due secoli prima da Newton e Leibniz.

Questo crescente rigore implicava una crescente formalizzazione della matematica, che deve basarsi su un insieme di regole logiche precise le quali permettono di dedurre una proposizione da altre proposizioni. E poiché nella catena delle deduzioni non si può risalire all'indietro all'infinito, bisogna partire da particolari proposizioni le quali non sono deducibili da altre.

■ Il metodo assiomatico-deduttivo

Una teoria matematica viene costruita in modo rigoroso utilizzando il metodo assiomatico-deduttivo:

- si assegnano dei *concetti primitivi*, ossia concetti assunti come noti a priori;
- si assegna un piccolo numero di *assiomi* (o postulati), ossia proposizioni, assunte come vere a priori, che affermano qualcosa sui concetti primitivi;

- si assegnano delle ben definite *regole di inferenza*;
- applicando le regole di inferenza a partire dagli assiomi (o da altre proposizioni già dimostrate) si possono dimostrare altre proposizioni, denominate *teoremi*.

Si noti inoltre che nel corso dello sviluppo di una teoria vengono definiti dei nuovi concetti, sulla base di concetti già noti e teoremi già dimostrati.
In matematica vengono costruiti in questo modo, tra le tante altre cose, l'aritmetica, l'algebra, la geometria, l'analisi, la teoria della probabilità, la teoria dei gruppi, la teoria degli insiemi. Quest'ultima è particolarmente rilevante, essendo il concetto di insieme posto alla base dell'intera matematica moderna. Per fare un esempio esplicito: la geometria che si studia a scuola, e che risale a Euclide (III secolo a.C.), si fonda su tre concetti primitivi, cioè il punto, la retta e il piano, e cinque assiomi:

1. Tra due punti distinti si può tracciare un segmento di retta.
2. Un segmento può essere esteso indefinitamente ottenendo una retta.
3. Dato un punto e un segmento che parte da esso si può tracciare un cerchio.
4. Tutti gli angoli retti sono uguali tra loro.
5. Per un punto passa una e una sola retta parallela a una retta assegnata (il celebre postulato delle parallele).

È interessante notare che i primi tre assiomi di Euclide in sostanza dicono che si possono usare la riga e il compasso (non graduati) e in che modo; riga e compasso era infatti il metodo concepito dagli antichi matematici greci per tracciare costruzioni e risolvere problemi geometrici.

Utilizzando come regole di inferenza, alle quali Euclide non dà esplicitamente enfasi, quelle della logica aristotelica oltre a riga e compasso, dagli assiomi si possono dedurre tutti i risultati della geometria euclidea come il teorema di Talete e il teorema di Pitagora.

Il metodo assiomatico-deduttivo è dunque molto antico, ma le esigenze di grande rigore legate al fiorire della matematica ottocentesca, nonché al fatto che in matematica venne introdotto il concetto di insieme infinito a partire dai lavori di Georg Cantor, fecero sì che questo metodo venisse parecchio raffinato.

Si noti a tal proposito che il prendere in considerazione un insieme composto da infiniti elementi, nella sua totalità, significa concepire e manipolare un infinito in atto. Dunque qualcosa di ben diverso, secondo la distinzione fatta da Aristotele (IV secolo a.C.), da un infinito in potenza, l'unico concepibile fino a quel momento e che rappresenta semplicemente la possibilità di procedere sempre con un ulteriore passo aggiuntivo, senza che ci sia un limite ultimo: dato un qualunque numero naturale è sempre possibile aggiungere un successivo; dopo aver diviso a metà una lunghezza un certo numero di volte è sempre possibile dividerla ancora.

Nel metodo assiomatico-deduttivo le regole logiche di inferenza vengono date in maniera precisa mediante il linguaggio della logica matematica (o logica simbolica). Gli stessi assiomi, poi, possono essere rappresentati come enunciati di questo stesso linguaggio.

Nella formalizzazione più avanzata e dunque più rigorosa possibile di una teoria si ha che:

- gli assiomi vengono espressi come formule, ossia stringhe di caratteri messi insieme secondo un'assegnata sintassi;

- le regole di inferenza vengono espresse come procedure del tutto meccaniche per ottenere da un insieme di stringhe un'altra stringa.

Il formalismo divenne una corrente di pensiero, una filosofia della matematica. I suoi sostenitori più accesi giunsero a vedere la matematica semplicemente come un gioco formale di deduzione di formule da altre formule, chiuso in se stesso e senza riferimento ad alcunché di esterno.

■ Operazioni logiche

La logica matematica è la formalizzazione della maniera in cui la mente umana mette insieme più proposizioni di tipo qualunque e da esse deduce altre proposizioni.
Le proposizioni sono espressioni dichiarative della lingua naturale, suscettibili di essere o vere o false: come "oggi piove" o "*x* è maggiore di zero". In logica esse sono rappresentate da *variabili* che vengono indicate con delle lettere come *A* o *B*, e che possono assumere solo due valori: "vero" oppure "falso".
Sulle proposizioni vengono definite delle *operazioni* logiche, per mezzo delle cosiddette *tavole di verità*. Sono fondamentali operazioni logiche, per esempio:

1) *Negazione* (NOT): a partire da una proposizione A fornisce la proposizione opposta ¬A; è definita dalla seguente tavola:

A	**¬A**
vero	falso
falso	vero

2) *Congiunzione* (AND): a partire da due proposizioni A e B fornisce la proposizione A ∧ B che è vera se e solo se sono vere entrambe A e B; è definita dalla seguente tavola:

A	B	$A \wedge B$
vero	vero	vero
vero	falso	falso
falso	vero	falso
falso	falso	falso

3) *Disgiunzione* (OR), il *vel* latino: a partire da due proposizioni A e B fornisce la proposizione $A \vee B$ che è vera se e solo se è vera almeno una proposizione tra A e B; è definita dalla seguente tavola:

A	B	$A \vee B$
vero	vero	vero
vero	falso	vero
falso	vero	vero
falso	falso	falso

4) *Disgiunzione esclusiva* (XOR), l'*aut* latino: a partire da due proposizioni A e B fornisce la proposizione $A \oplus B$ che è vera se e solo se è vera esattamente una proposizione tra A e B; è definita dalla seguente tavola:

A	B	$A \oplus B$
vero	vero	falso
vero	falso	vero
falso	vero	vero
falso	falso	falso

Le tavole di verità sono state usate per la prima volta da Emil Leon Post e da Ludwig Wittgenstein nel suo celebre *Tractatus Logico-Philosophicus* pubblicato nel 1921.

I sostenitori del formalismo paragonavano esplicitamente la matematica al gioco degli scacchi: così come negli scacchi abbiamo i pezzi nella posizione di partenza e le regole per il loro movimento da cui si ottengono altre posizioni, nella matematica abbiamo delle stringhe di caratteri di partenza e le regole per la loro manipolazione da cui si ottengono altre stringhe.

David Hilbert però, da quel grande pensatore che era, non credeva che la matematica si riducesse al cieco gioco di un calcolo formale. Hilbert fu uno dei maggiori rappresentati del formalismo, che egli intendeva però semplicemente come metodo per assicurare la correttezza e non contraddittorietà della matematica. Lui stesso aveva ri-formalizzato la geometria nel 1899, guadagnandosi l'appellativo di moderno Euclide.

La matematica è un edificio logico che è potuto crescere fino a inaspettate altezze, che è spesso dotato di impareggiabile bellezza e che costituisce oltretutto lo strumento principe della scienza e in particolare della fisica. Da quanto detto appare pertanto evidente l'interesse suscitato dallo studio delle fondamenta di questo mirabile edificio.

Questo ovvia esigenza divenne poi una pressante necessità all'inizio del XX secolo con la scoperta delle antinomie, ossia di proposizioni che all'interno della teoria formale in cui vengono enunciate sono contemporaneamente vere e false, ovvero né vere né false. Un celebre esempio è il paradosso formulato nel 1902 da Bertrand Russell, popolarmente conosciuto nella versione del paradosso del barbiere.

■ Il paradosso del barbiere

Immaginiamo che in una città ci sia un solo barbiere, il quale rade *tutti* e *solo* quelli che *non* radono se stessi.
Fin qui la cosa sembra quasi logica. Ma proviamo a porci questa semplice domanda: il barbiere rade se stesso o no?
Se la risposta è sì, allora il barbiere rade qualcuno che rade se stesso, e questo secondo la definizione non è possibile.

Se la risposta è no, il barbiere non rade qualcuno che non rade sé stesso, e questo secondo la definizione non è possibile.
Dunque nessuna delle due possibili risposte è ammissibile, uno stato di fatto che mette a nudo una falla nel sistema di regole logiche utilizzate, evidentemente. E se le regole non sono al cento per cento corrette non ci possiamo fidare di esse per dedurre dei risultati. L'edificio rischia di crollarci addosso.
In pratica il paradosso del barbiere è causato da un inammissibile uso autoreferenziale del concetto di insieme. In maniera discorsiva possiamo dire che il sistema formale che qui prendiamo in esame, con i suoi assiomi e le sue regole, è la teoria degli insiemi, e che l'antinomia è generata dal fatto di definire il concetto di *insieme di tutti gli insiemi*.
Infatti, se definiamo l'insieme di tutti gli insiemi, possiamo poi pensare di suddividerlo in due sottoinsiemi:

- l'insieme di tutti gli insiemi che contengono se stessi;
- l'insieme di tutti gli insiemi che non contengono se stessi.

Allora: l'insieme di tutti gli insiemi che non contengono se stessi contiene se stesso o no? Ecco il paradosso di Russell: nessuna delle due possibili risposte è ammissibile!
In una rigorosa teoria degli insiemi, pertanto, gli assiomi e le regole sono fatti in modo tale da non permettere la costruzione di insiemi troppo grandi, come un insieme di tutti gli insiemi.

L'esempio fa comprendere la necessità di definire in generale, per una teoria matematica formalizzata, le caratteristiche necessarie per essere coerente e affidabile, ed evitare di incappare in sorprese come nel caso delle antinomie; inoltre, occorre disporre degli opportuni strumenti per verificare il reale soddisfacimento di tali caratteristiche. In tal modo si può fondare la matematica, e di conseguenza le scienze che la utilizzano, su solide basi.

Era esattamente questo in sintesi il programma di Hilbert, ed era di questo che Newman parlò a Turing e agli altri studenti al Saint John's College.

Il programma di Hilbert e i teoremi di Gödel

Già nel suo famoso discorso del 1900 a Parigi Hilbert aveva perorato la dimostrazione della non contraddittorietà degli assiomi dell'aritmetica.

Nell'agosto del 1900 ebbe luogo nella capitale francese il Secondo Congresso Internazionale di Matematica, in contemporanea con l'Expo e con i Giochi della II Olimpiade. Hilbert, allora trentottenne e già considerato uno dei maggiori matematici viventi, fu invitato a tenere il discorso inaugurale. Anziché guardare al passato tracciando, come si suole fare in questi casi, un bilancio di ciò che nella matematica era stato fatto, Hilbert decise di volgere lo sguardo verso il futuro, verso il nuovo secolo che stava per arrivare. Il suo discorso iniziò con queste parole:

> A chi di noi non piacerebbe alzare il velo dietro il quale si nasconde il futuro, per poter dare uno sguardo ai prossimi progressi della nostra Scienza e penetrare nei segreti dei suoi sviluppi nei secoli futuri! Quali saranno i traguardi a cui tenderanno le figure di spicco della matematica delle future generazioni? Quali nuove cose e nuovi metodi i nuovi secoli scopriranno nel vasto e ricco campo del pensiero matematico?

Hilbert proseguì incentrando il suo intervento su quelli che a suo parere erano i fondamentali problemi aperti della matematica, chiedendo alla comunità mondiale dei matematici di impegnarsi per trovare la soluzione. Dei celebri 23 problemi di Hilbert, per ragioni di tempo solo i primi 10 vennero esposti nel discorso inaugurale, mentre la lista completa è contenuta nella versione cartacea del discorso stesso.

Il secondo problema di Hilbert riguarda appunto la dimostrazione che gli assiomi dell'aritmetica, formulati nel 1889 da Giuseppe Peano, sono consistenti, cioè che nella teoria che da essi deriva non si annidano contraddizioni.

Il decimo problema di Hilbert sarà destinato a essere particolarmente interessante per Turing, in quanto introduce il concetto di procedimento, ossia ciò che oggi chiamiamo algoritmo. Nel decimo problema Hilbert si occupa delle equazioni diofantine, così denominate in onore del matematico Diofanto di Alessandria (III secolo a.C.). Niente di esoterico: si tratta semplicemente di equazioni polinomiali di cui si ricercano le soluzioni intere.

■ L'ultimo teorema di Fermat

Per avere un'idea di che aspetto abbia un'equazione diofantina, prendiamone in esame una classe molto particolare: quella della equazioni della forma

$$x^n+y^n = z^n$$

dove x, y e z sono le incognite di cui si cercano le soluzioni intere e n è un numero intero fissato maggiore o uguale a 2. Per $n=2$ l'equazione diofantina corrispondente altro non è che il teorema di Pitagora e ammette pertanto infinite soluzioni intere.

Per ogni valore $n>2$, invece, l'equazione non ammette nessuna soluzione intera: non esiste nessuna terna di numeri interi x, y e z per cui vale $x^3+y^3=z^3$, per esempio. Questo risultato è noto come *ultimo teorema di Fermat*.

Nel 1637 il matematico francese Pierre de Fermat scrisse sul margine della sua copia di una traduzione dal greco in latino dell'*Arithmetica* di Diofanto:

È impossibile suddividere un cubo in due cubi, un biquadrato in due biquadrati, e in generale una qualunque potenza superiore al quadrato in due potenze dello stesso grado: ho scoperto una meravigliosa dimostrazione che questo margine è troppo stretto per contenere.

È estremamente probabile che l'affermazione di Fermat, il quale pure ha apportato contributi fondamentali alla matematica e alla fisica, in questo caso fosse solo un *bluff*. O, per meglio dire, la proposizione appare così intuitivamente vera che Fermat non aveva dubbi sul fatto che sarebbe riuscito in breve a dimostrarla. Ma così non fu.
E neanche a molti altri famosi matematici, tra cui Gauss, riuscì di dimostrare l'ultimo teorema. Questa impresa poté compierla il matematico britannico Andrew Wiles solo nel 1994, usando una matematica piuttosto avanzata e non nota ai tempi di Fermat per una dimostrazione non proprio semplice costata sette anni di intenso lavoro.
Wiles era rimasto affascinato da bambino dall'ultimo teorema di Fermat dopo averne letto la storia in un libro preso in prestito in biblioteca: decise allora che sarebbe diventato un matematico e avrebbe dimostrato il teorema.
La vicenda di Andrew Wiles ricorda molto quella di Heinrich Schliemann. Il piccolo Heinrich ricevette in regalo dal padre nel 1829 un libro con un disegno di Troia in fiamme e ne fu affascinato in maniera indelebile. Tanto da dedicare la propria vita al ritrovamento della città omerica, della cui reale esistenza i più dubitavano, imparando a tal fine numerose lingue compreso il greco antico e accumulando una fortuna che poi investì per realizzare il suo sogno.

Figura 1.2 – David Hilbert (*fonte*: Wikimedia Commons).

Ciò che è interessante tuttavia è il fatto che Hilbert non chiede semplicemente la soluzione di una tale equazione, bensì esplicitamente un procedimento (*Verfahren*) che mediante un numero finito di operazioni possa decidere se una generica equazione diofantina è risolubile oppure no. Viene così introdotto il concetto di decidibilità, che è quello che viene affrontato da Turing.

Le caratteristiche che una teoria deve avere vennero successivamente generalizzate ed estese. Per ogni teoria formale vengono richieste le proprietà di consistenza (o non contraddittorietà) e di decidibilità, aggiungendo in maniera naturale la richiesta di completezza.

Vediamo di che si tratta. Qui nel seguito chiamiamo P una proposizione qualunque e $\neg$P il suo contrario; per esempio, P potrebbe essere la proposizione a=b, allora $\neg$P è la proposizione a≠b.

Una teoria formale è consistente se in essa non è possibile dimostrare entrambe P e $\neg$P, ossia che una proposizione è vera e anche che è falsa. Si tratta del requisito minimo affinché la teoria sia utilizzabile. Infatti partendo dall'assunto della validità di P e $\neg$P insieme sarebbe possibile dimostrare qualunque proposizione, un risultato della logica noto fin dall'antichità con il nome *ex falso quodlibet*.

Una teoria formale è completa se in essa è sempre possibile dimostrare o P oppure ¬P, ossia che una qualunque proposizione è vera oppure è falsa. Una teoria formale è decidibile se in essa esiste un procedimento che in un numero finito di passi può stabilire, per ogni P, se P si può dimostrare oppure no, pur senza fornire tale dimostrazione.

Concretamente, le teorie che ci interessa prendere in considerazione sono quelle che ci permettono di fare matematica, che trasferiscono cioè in un contesto formale la matematica ordinaria. Le più importanti teorie formali poste alla base della matematica, le quali mediante i loro assiomi definiscono i numeri interi e le operazioni di somma e moltiplicazione, sono l'aritmetica nella formalizzazione di Peano e la teoria degli insiemi nella formalizzazione di Zermelo-Fraenkel.

■ La congettura di Goldbach

Un esempio molto interessante di proposizione dell'aritmetica è la congettura di Goldbach, emersa nel 1742 in uno scambio epistolare tra Christian Goldbach e Leonhard Euler. La si enuncia in questo modo:

Ogni numero pari maggiore di 2 può essere espresso come somma di due numeri primi.

Per esempio:

4=1+3, 6=1+5, 8=3+5, 10=3+7, 12=5+7, 14=3+11...

Si parla di congettura appunto perché questa proposizione (a differenza di quanto è avvenuto per il teorema di Pitagora e per l'ultimo teorema di Fermat) non è mai stata dimostrata nonostante gli sforzi di insigni matematici e quindi non è al momento un teorema. Tuttavia si suppone che sia vera in quanto

è stata finora verificata al computer fino a numeri pari grandissimi senza trovare alcun controesempio che la falsifichi.
Se l'aritmetica (di Peano) è completa, allora al suo interno deve essere possibile dimostrare che la congettura di Goldbach vale oppure che non vale. A prescindere da questo, se l'aritmetica è decidibile deve esistere un procedimento che mediante un numero finito di operazioni decida se la congettura di Goldbach si può dimostrare (pur senza disporre di tale dimostrazione) oppure no. Infine, dovendo l'aritmetica evidentemente essere consistente (in caso contrario sarebbe del tutto inutilizzabile), sicuramente non riusciremo a dimostrare che la congettura di Goldbach è sia vera sia falsa.
Il romanzo *Zio Petros e la Congettura di Goldbach*, pubblicato in inglese nel 2000 dal matematico greco Apostolos Doxiadis, è subito divenuto un best-seller internazionale in molte lingue. È la storia di Petros Papachristos, matematico ossessionato dalla congettura di Goldbach, e del nipote, che si appassiona alla matematica e decide di dedicarvisi proprio grazie allo zio e alla congettura. In maniera molto accattivante il romanzo permette, anche ai non matematici, di gettare uno sguardo sul variopinto mondo della matematica e sulla mente di coloro che la praticano.

Negli anni Venti del Novecento Hilbert espresse il suo programma, ossia la prospettiva che l'intera matematica potesse essere formalizzata in maniera dimostrabilmente consistente, completa e decidibile, ponendo così una volta per tutte questa disciplina su basi sicure.

Ma a questo programma sarebbero stati assestati di lì a poco due colpi mortali: uno alla completezza e in parte alla consistenza da parte di Kurt Gödel, e uno alla decidibilità da parte di Alan Turing. Entrambi si erano confrontati con i problemi di Hilbert e avevano scelto, come punto di partenza, Gödel il secondo e Turing il decimo.

L'8 settembre 1930, in occasione dell'annuale riunione della Società degli Scienziati e dei Medici Tedeschi, David Hilbert tenne a Königsberg, trent'anni dopo quello di Parigi, un altro celeberrimo discorso che fu poi trasmesso anche per radio. La registrazione, della durata di 4 minuti, si può trovare su Internet, e devo dire che fa un certo effetto ascoltare quelle parole direttamente dalla voce di Hilbert. Il discorso consiste in un vero e proprio inno alla matematica, intonato con quella capacità ammaliante che aveva portato il suo allievo Hermann Weyl a paragonare Hilbert al pifferaio magico della fiaba dei fratelli Grimm. E sappiamo che Kurt Gödel e Alan Turing erano tra i tanti che dal suono di quel flauto sono stati attirati nel fiume della matematica e dei suoi fondamenti.

Un fiume che, nella visione di David Hilbert, poteva portare la mente umana a ogni livello di conoscenza, senza alcun confine. La convinzione opposta, secondo la quale invece ci sono dei limiti a ciò che è conoscibile, era stata emblematicamente racchiusa nel motto *ignoramus et ignorabimus* (non sappiamo e non sapremo mai) proclamato in un discorso del 1880 dal fisiologo tedesco Du Bois-Reymond.

La conclusione del discorso di Hilbert afferma dunque con forza, contro quell'*ignorabimus*, la necessità e la possibilità di sapere:

> Non dobbiamo credere a quelli che oggi con atteggiamento da filosofi e con tono di superiorità profetizzano il tramonto della cultura e si compiacciono dell'*ignorabimus*. Per noi [nella matematica, *N.d.A.*] non esiste alcun *ignorabimus*, e a mio parere neanche per le scienze naturali. Al posto dello stolto *ignorabimus*, sia invece la nostra soluzione: "Dobbiamo sapere, e sapremo".

Wir müssen wissen, wir werden wissen, suonavano così nell'originale tedesco le parole conclusive di Hilbert, parole paradossalmente contraddette proprio il giorno prima. Hilbert non sapeva ancora infatti che il 7 settembre, in un altro congresso a Berlino, Gödel aveva presentato il suo primo teorema di incompletezza.

Che cosa ha dimostrato in sostanza Gödel?

Se prescindiamo dai dettagli e astraiamo dalla formulazione altamente tecnica, il suo primo teorema dice essenzialmente questo: consideriamo una teoria formale non banale, cioè abbastanza sviluppata da includere le operazioni di somma e prodotto sui numeri interi, come l'aritmetica di Peano. Allora, se supponiamo che tale teoria sia consistente, ne segue che è necessariamente incompleta.

Dunque avviene che nell'aritmetica di Peano, supposta consistente altrimenti sarebbe inutile prenderla in considerazione, ci sono necessariamente proposizioni che non si possono né dimostrare né smentire all'interno della teoria stessa. E questo anche se tali proposizioni possono essere intuitivamente considerate vere (ovviamente quindi in un senso meta-matematico, e comunque al di fuori della teoria in esame) come è il caso per la congettura di Goldbach.

La medesima cosa si può dire per la teoria degli insiemi di Zermelo-Fraenkel, in seno alla quale i numeri interi e le operazioni aritmetiche pure possono essere definiti.

Nel successivo anno 1931 Gödel pubblicò un secondo teorema di incompletezza, così denominato in quanto concepito come estensione del primo, il quale si occupa proprio della consistenza. Esso afferma che una teoria formale come quella considerata nel primo teorema non può dimostrare al proprio interno la propria consistenza. Tale proprietà può dunque eventualmente essere considerata verificata solo esternamente alla teoria stessa.

Il sogno di una teoria formale che sia contemporaneamente consistente e completa con Gödel va in frantumi, tanto più che nessuna teoria può più neppure dimostrare di essere consistente.

Resterebbe tuttavia ancora la possibilità che la teoria sia decidibile. Si noti bene infatti che una teoria incompleta può tuttavia essere decidibile: anche nel caso in cui né una data proposizione P né la sua negazione ¬P possono essere dimostrate, può tuttavia esistere un procedimento finito di decisione il quale, per ogni possibile proposizione, dice se è dimostrabile oppure no; applicandolo a quella data P, fornirebbe semplicemente il risultato che P non è dimostrabile, e lo stesso per ¬P. Il procedimento di decisione ci direbbe per esempio se la congettura di Goldbach è dimostrabile oppure no.

Ma anche questa possibilità venne esclusa. Da Turing, che nel suo articolo del 1936 dimostrò che tale procedimento non può esistere in quanto in ogni teoria formale ci sono necessariamente proposizioni indecidibili, per le quali cioè non è possibile stabilire se sono dimostrabili oppure no. Parleremo più in dettaglio della scoperta di Turing nel prossimo capitolo, anche perché è molto interessante come egli ha affrontato il problema della decisione: un approccio foriero di inaspettati sviluppi ben oltre i fondamenti della matematica.

Il programma formalista di Hilbert sprofonda così in un completo fallimento. Una rivincita dell'*ignorabimus*? Certamente, incompletezza e indecidibilità ben si inquadravano nello spirito del tempo di quegli anni. Il nuovo secolo aveva visto disgregarsi infatti le certezze di fine Ottocento, nella scienza come nella filosofia, nella cultura e nella società. Il relativo si era imposto sull'assoluto e l'indeterminazione intrinseca nella meccanica quantistica sembrava dimostrare che la mente umana fosse infine effettivamente giunta ai confini di ciò che è conoscibile. Hilbert era per la matematica quello che Planck e Lorentz erano per la fisica: i più autorevoli rappresentanti di un mondo di ieri scosso nelle fondamenta e scomparso per sempre.

David Hilbert morì il 14 febbraio 1943. Sulla sua tomba, a Göttingen, sono scritte le parole: *Wir müssen wissen, Wir werden wissen.*

La matematica si riprese dal colpo subìto nello stesso modo in cui la fisica superò la propria crisi: semplicemente prendendo atto che il mondo è diverso da come ce lo eravamo raffigurato. Sia esso il mondo reale, quello platonico dei concetti matematici, o quello dei processi mentali. Nuovi metodi apparvero, nuovi modi di vedere si consolidarono, nuovi eccitanti campi di ricerca fiorirono per la fisica come per la matematica.

A proposito: dei 23 problemi di Hilbert a tutt'oggi viene con largo consenso riconosciuto che 10 sono stati risolti, mentre 4 rimangono ancora irrisolti; per gli altri 9 invece esistono solo delle soluzioni parziali o non c'è consenso circa il loro stato.

Capitolo 2

LA MECCANIZZAZIONE DELLA MENTE

Il concetto di algoritmo

Nel libro di Hilbert e Ackermann *Principi di logica matematica* (*Grundzüge der theoretischen Logik*, 1928) si legge:

> Il problema della decisione è risolto se si conosce un procedimento che permetta, mediante un numero finito di operazioni, di decidere circa la validità o la soddisfacibilità di una espressione logica. [...] Il problema della decisione deve essere considerato il problema principale della logica matematica.

Ma dunque che cos'è esattamente, Turing si chiese, un procedimento? Non c'è modo di poter affrontare il problema della decisione se prima non si definisce in maniera rigorosa che cosa si intende con questo termine. E sorprendentemente, non è facile dare una definizione non vaga.

Per arrivare a una definizione precisa Turing fa esplicito riferimento all'attività di una mente umana. Siamo in un'epoca in cui il computer, nel significato che oggi diamo a questa parola, è ben di là da venire. Nell'Inghilterra degli anni Trenta con il termine "computer" si designa semplicemente una persona, un impiegato che esegue dei calcoli o dei conteggi, quello che in italiano potremmo definire un contabile. Una persona che è in grado di eseguire usando carta e matita una serie di operazioni sui dati di partenza, un procedimento appunto, per ottenere un risultato; è ciò che tutti noi abbiamo imparato a fare, per esempio, per moltiplicare tra loro due numeri con più cifre intere e più cifre decimali. Non a caso la parola inglese "computer" proviene, esattamente come le parole italiane "computazione" e "computabile", dal verbo latino "computare" che significa calcolare.

È esattamente in tal senso che Alan Turing impiega il termine "computer" nel suo articolo originale. Per rimanere più vicini a questo significato, quindi, impiegheremo convenzionalmente al suo posto il termine italiano "contabile", per riferirci a una persona che esegue non semplicemente conteggi amministrativi, ma soprattutto calcoli scientifici. Riserveremo invece il termine "computer" per indicare una macchina di calcolo automatico come quelle ormai onnipresenti e che fanno molto di più che calcolare.

Qui c'è in ballo nulla di meno che il funzionamento della mente, dato che Turing intende realizzare un modello dell'attività mentale del contabile.

In accordo con la posizione formalista, il procedimento deve essere un'attività che il contabile esegue in maniera del tutto meccanica secondo delle regole che ha imparato, senza dover esercitare né intuito né creatività; in teoria egli potrebbe benissimo non sapere né capire neanche di che cosa si tratti e quale significato vada attribuito ai dati di partenza, ai risultati ottenuti e alle stesse regole di calcolo.

Un procedimento sistematico di calcolo di questo tipo è ciò che oggi in informatica viene denominato algoritmo.

In questo senso si può parlare di una meccanizzazione o algoritmizzazione di processi mentali.

Turing procede allora nel modo seguente: egli cerca di isolare le operazioni elementari che il contabile esegue, di astrarle dal contesto specifico per poterle considerare universali. Si tratta delle operazioni atomiche, le più semplici possibili e quindi a loro volta irriducibili, combinando le quali si ottiene qualsiasi catena finita di operazioni di tipo numerico, complicate a piacere.

La macchina di Turing

La prima, originalissima, idea portata avanti nell'articolo del 1936 *Sui numeri computabili, con un'applicazione al problema della decisione* è questa: Turing definisce rigorosamente il concetto di procedimento, ossia di algoritmo, non nella maniera consueta in matematica, bensì definendo una macchina idealizzata capace di eseguire solo le operazioni elementari di cui ogni procedimento si compone, un modello astratto che fu poi denominato *macchina di Turing* da Alonzo Church nel 1937.

Un algoritmo è quindi ciò che può essere eseguito da una macchina di Turing.

È molto importante osservare che qui l'efficienza dell'algoritmo (e quindi della macchina) non viene presa in considerazione: non interessa affatto in quanto tempo e con l'uso di quali risorse viene eseguito, né il fatto che la sequenza di operazioni elementari non sia ottimizzata e farraginosa da eseguire.

Il modello astratto escogitato da Turing è qualcosa di estremamente elementare, perché proprio questo era lo scopo che si prefiggeva. Non si trattava infatti, almeno all'inizio, della concezione di una macchina da realizzare fisicamente come tale, ma solo di un particolare modello matematico. Eppure questo modello, che se guardato come macchina appare del tutto rudimentale e quasi ingenuo, risulta invece in grado di eseguire dei procedimenti complessi.

Quando il contabile esegue un calcolo, osservò Turing, quello che fa è scrivere con una matita dei simboli su un foglio di carta quadrettato, un simbolo in ogni quadretto, con la possibilità eventualmente di cancellare. Ai fini di un'astrazione del procedimento, non interessa la bidimensionalità del foglio: è sufficiente prendere in considerazione una sequenza lineare, ossia unidimensionale, di quadratini. Una sorta di nastro che idealmente è illimitato nel senso che ha tante caselle quante ne servono, da una parte e dall'altra.

Aggiungiamo quindi una punta mobile, che rappresenta la matita del contabile: a ogni passo la punta può scrivere o cancellare un simbolo nella casella su cui è posizionata, e può riposizionarsi sulla casella successiva o su quella precedente. I simboli che possono essere utilizzati sono in numero finito; la scelta più ovvia ed economica è quella usata anche nei moderni computer: un alfabeto binario, composto cioè dai soli due simboli "0" e "1", a cui va affiancato un simbolo extra per indicare la casella vuota. Le uniche operazioni elementari che la macchina è in grado di compiere sono quindi semplicemente queste: scrivere un simbolo, cancellare un simbolo, avanzare di una casella, indietreggiare di una casella.

Alla macchina viene inoltre associata una configurazione interna, che a ogni passo può cambiare. Turing fa corrispondere questa configurazione interna a quello che egli significativamente chiama "state of mind", lo stato mentale del famoso contabile che il modello proposto da Turing vuole simulare. Il numero di possibili stati mentali è anch'esso finito, e questo non certo per mancanza di stima nei confronti dei poveri contabili, ma perché ciò che viene modellizzato è in realtà una sorta di promemoria. Si immagina che il contabile si annoti sempre dove si trova nel suo calcolo, per esempio se è all'inizio o alla fine di un ciclo ripetuto, o in un passo intermedio.

Infine, e di centrale importanza, Turing dota la macchina di una tabella che ne descrive il comportamento a ogni passo e che corrisponde alle regole di cui il contabile dispone per operare sui suoi simboli.

In dipendenza della configurazione interna in cui si trova la macchina e di che cosa c'è scritto nella casella corrente, la tabella dice:

- se va scritto un dato simbolo (o se la casella va cancellata);
- se la punta si deve spostare avanti o indietro;
- in quale configurazione interna la macchina quindi si porta.

Oggi il computer è parte integrante della nostra vita e anche chi non è uno specialista della sua architettura e funzionamento può riconoscere in quanto appena detto l'idea di istruzioni di un linguaggio di programmazione e quindi di software. Ma ai tempi di Turing questi concetti erano del tutto sconosciuti e il fatto che il suo modello sia in una certa misura concettualmente vicino alla struttura del moderno computer non deve sorprendere, dato che il primo è stato l'embrione del secondo.

Ricordiamo subito però ancora una volta che Turing inventò questo suo modello con il solo fine di rendere rigoroso il significato di procedimento sistematico come composto da operazioni elementari. Procedimento che nel caso specifico doveva avere lo scopo di calcolare dei numeri.

■ Un esempio di macchina di Turing

Riprendiamo dallo stesso articolo originale di Turing il primo esempio di una semplice macchina di Turing.

La macchina può scrivere i simboli "0" e "1", e possiede quattro diverse configurazioni interne: b (*begin*), c, e, f.

La tabella di comportamento è la seguente:

Configurazione interna iniziale	Simbolo su casella corrente	Operazioni	Configurazione interna finale
b	vuoto	P0, R	c
c	vuoto	R	e
e	vuoto	P1 R	f
f	vuoto	R	b

Le abbreviazioni usate per le operazioni hanno il seguente significato:

P0: scrivi "0";

P1: scrivi "1";

R: spostati di una casella a destra.

La prima riga della tabella si legge così: trovandoti nella configurazione interna "b" e davanti a una casella vuota, scrivi il simbolo "0" e spostati a destra; la configurazione interna diventa "c". La seconda riga della tabella si legge così: trovandoti nella configurazione interna "c" e davanti a una casella vuota, spostati a destra; la configurazione interna diventa "e". Senza alcuna difficoltà si può a questo punto evincere cosa fa questa macchina: essa scrive sul nastro inizialmente vuoto la sequenza "0, casella vuota, 1", ripetendola indefinitamente.

0		1		0		1			
							▲		

Se ignoriamo le caselle vuote in mezzo, la macchina produce quindi la sequenza 0101010101..., che si può interpretare come la parte frazionaria del numero razionale 1/3 scritto in rappresentazione binaria:

$$0,0101010101\ldots$$

numero che in rappresentazione decimale si scriverebbe:

$$0,3333333333\ldots$$

Turing preferisce lasciare sempre una casella vuota tra una cifra e l'altra, come spazio di servizio potremmo dire, ma per quanto riguarda la sequenza stessa questo concettualmente non cambia nulla.

Il fatto che si tratti di un modello astratto comporta, a ogni modo, che a fronte delle somiglianze ci siano anche delle ovvie differenze rispetto all'odierna architettura del computer. Si noti infatti che non viene affatto specificato esattamente dove si trovano e come vengono operativamente consultati la tabella di comportamento e la configurazione interna corrente. Si tratta di domande che a noi vengono in mente perché al computer come macchina siamo abituati; ma per un modello astratto di tipo matematico queste domande sono prive di significato.

Una conseguenza molto importante di tutto questo è che la tabella non può essere intesa come un programma software che si può cambiare a piacimento. Essa è, con terminologia computeristica moderna, in qualche modo cablata nella macchina. Per meglio dire, fa semplicemente parte integrante e fissa del modello stesso. Ciò vuol dire che in realtà di macchina di Turing non ce n'è una sola ma tante, una per ogni algoritmo che essa rappresenta (o, se vogliamo, esegue).

Quante sono allora le possibili macchine di Turing, ovvero quanti sono i possibili algoritmi? Una fondamentale domanda, la cui risposta porta diritto alla indecidibilità.

La computabilità

La seconda, profonda, idea concretizzata nello storico articolo del 1936 è questa: utilizzando la sua macchina, Turing trasforma il problema della decisione come posto originariamente da Hilbert in un altro problema equivalente.

Non vogliamo entrare qui nei dettagli di questa elaborata trasformazione. In sintesi, il risultato che Turing ottiene è:

> Un algoritmo di decisione che valuti se una data proposizione è dimostrabile oppure no esiste se e solo se la macchina di Turing può computare ogni numero reale.

Le macchine che Turing definisce sono dunque concepite per essere in grado di scrivere sul nastro un numero reale e l'indagine che egli compie riguarda l'esistenza di un algoritmo (quindi di una macchina) per computare ogni numero reale.

Questa indagine in sé e per sé alla fine risulta almeno altrettanto importante del problema della decisione, e in più estremamente fertile. Turing infatti fornisce un contributo sostanziale alla teoria della computabilità, riguardo ciò che può essere meccanizzato, ossia definito e calcolato mediante un algoritmo. Inoltre, la sua indagine getta anche nuova luce sul concetto stesso di numero reale. Non a caso, quindi, il titolo del suo articolo è incentrato sui numeri computabili e cita il problema della decisione solo come un'applicazione di quanto l'autore ha trovato.

Come fa una macchina di Turing a computare un numero reale? Un esempio lo abbiamo visto poco fa, presentando una semplice macchina che produce il numero razionale ⅓.

Si noti che la macchina scrive in realtà solo le cifre dopo la virgola di tale numero, sottintendendo lo zero e la virgola iniziali. Questo è semplicemente un fatto pratico e non influisce affatto sulle questioni concettuali, anche perché ogni numero reale è sempre rappresentabile nella forma "0,...", se ci annotiamo di quante posizioni verso sinistra abbiamo eventualmente spostato la virgola stessa.

Prima di proseguire, sgombriamo il campo da un possibile equivoco. Ogni macchina di Turing è la rappresentazione di un algoritmo finito, che consiste cioè in un numero finito di operazioni. Il fatto che una tale macchina calcoli infinite cifre frazionarie non deve però trarre in inganno, non si tratta affatto di una contraddizione: il numero finito di passi si intende infatti per ogni singola cifra della sequenza; computata una cifra, la macchina passa alla successiva in una sorta di nuovo giro dell'algoritmo.

Un punto importante è il seguente: un numero razionale può avere, sia in rappresentazione binaria sia in rappresentazione decimale, un numero finito di cifre frazionarie (esempio: ¼ viene scritto come 0,25), oppure anche un numero infinito di esse; in quest'ultimo caso però c'è sempre una sequenza finita che si ripete indefinitamente. Lo abbiamo visto nell'esempio, dove le infinite cifre frazionarie di ⅓ sono in realtà ottenute dalla ripetizione del gruppo di due cifre "01" in binario o della cifra "3" in decimale.

I numeri reali, però, si compongono dei numeri razionali e dei numeri irrazionali, i quali ultimi non possono essere rappresentati con un numero finito o con ripetizioni periodiche di cifre frazionarie. I numeri irrazionali hanno infinite cifre frazionarie nelle quali non esiste alcun gruppo, per quanto grande, che da un certo posto in poi si ripeta indefinitamente: le cifre si susseguono senza alcuno schema, in maniera da apparire del tutto casuali, come avviene per esempio nella rappresentazione decimale del numero reale irrazionale $\sqrt{2}$, che è:

$$1{,}41421356237309504880\ldots$$

Per il teorema di Pitagora, la diagonale di un quadrato di lato 1 è pari a $\sqrt{2}$.

Per inciso, l'attributo "irrazionale" qui non significa affatto contrario alla ragione; indica invece la circostanza che il numero a cui si riferisce non è esprimibile come rapporto (*ratio*) tra numeri interi come invece avviene per i numeri razionali. La scoperta che la diagonale e il lato di un quadrato non stanno in proporzione tra di loro come due numeri interi, non sono cioè commensurabili, mise in crisi Pitagora (VI secolo a.C.) e la sua Scuola, per la quale tutto in natura era governato da armoniose proporzioni tra numeri interi, come nelle note musicali. Secondo una leggenda, l'incommensurabilità fu trovata da un membro della Scuola, Ippaso, che venne gettato in mare, mentre la terribile scoperta fu tenuta segreta.

Il mondo è diverso da come se lo raffigurava Pitagora, e il rapporto tra diagonale e lato si può esprimere ampliando il concetto di numero in maniera tale da includere quelli che, come la radice di due, sfuggono dai rapporti definiti tra interi.

Una macchina di Turing può sicuramente computare un numero razionale: basta che la sua tabella di comportamento semplicemente contenga le cifre (in numero finito) da scrivere nella sequenza giusta, aggiungendo quando è il caso l'indicazione di ripetere indefinitamente il gruppo di cifre come abbiamo visto per $\frac{1}{3}$. I numeri razionali sono algoritmizzabili, ma questo è un fatto banale.

La cosa interessante è che la macchina di Turing può anche computare dei numeri irrazionali, le cui cifre vanno effettivamente tutte calcolate una per una, e non si può a un certo punto ricorrere a una ripetizione.

Si può capire come questo viene fatto se si pensa che, nonostante il suo aspetto minimalista non lo lasci intravvedere, con la giusta tabella la macchina di Turing è in grado di eseguire addizioni e moltiplicazioni di numeri che in precedenza ha scritto sul nastro, e quindi anche in generale il valore di una qualunque espressione algebrica assegnata. Grazie a ciò si possono concepire macchine di Turing che computano quante cifre si vuole di numeri irrazionali come $\sqrt{2}$ (e tutti gli altri numeri che sono soluzioni di un'equazione algebrica), e anche come π (rapporto tra la circonferenza e il diametro). Cosa che in realtà non ci sorprende, essendo già noti i metodi di approssimazione per calcolare tali numeri; la macchina di Turing altro non fa che eseguire i corrispondenti algoritmi, esattamente come farebbe il nostro contabile preferito, o, efficienza a parte, il nostro moderno computer.

Figura 2.1 – Georg Cantor (*fonte*: Wikimedia Commons).

Quanti sono i numeri reali? Infiniti, certamente, ma non basta. Una scoperta epocale fatta da Cantor verso la fine dell'Ottocento consiste nel fatto che occorre distinguere tra due tipi di infinito, profondamente diversi tra di loro: l'infinito numerabile e l'infinito continuo.

L'atto di contare degli oggetti appare come estremamente naturale, e possiamo immaginare che questa sia stata una della prime cose che gli esseri umani hanno spontaneamente iniziato a fare a un certo stadio della loro evoluzione. I numeri naturali:

1 2 3 4 5 6 7 8 9 10 11 ...

costituiscono pertanto il primo tipo di numeri preso in considerazione dalla mente umana. Gli insiemi numerici sono stati poi man mano ampliati introducendo i numeri interi (dotando i naturali di segno e aggiungendo lo zero), i razionali, i reali e infine i numeri complessi, tutti insiemi di numeri il cui uso e significato va ben oltre il semplice conteggio di oggetti. Un noto aforisma, attribuito a Leopold Kronecker, uno degli insegnanti di Cantor, afferma che "Dio ha creato i numeri naturali, e tutto il resto è opera dell'uomo".

I numeri naturali forniscono quindi una maniera per stabilire quanti oggetti, di natura qualsiasi, ci sono in un dato insieme. Se gli elementi dell'insieme sono finiti, nessun problema per numerarli. Ma prendiamo il caso di insiemi infiniti, come i numeri razionali, i numeri irrazionali, le cifre frazionarie di un assegnato numero irrazionale, i numeri pari, i numeri dispari, i numeri primi ecc. Gli elementi di un insieme infinito possono comunque essere numerati se si possono mettere in corrispondenza biunivoca con i numeri naturali, ossia se si possono idealmente elencare senza lasciarne fuori nessuno: si può quindi dire qual è il primo, il secondo, il decimo, il milionesimo ecc. Tali insiemi infiniti si dicono allora numerabili. Per esempio, prendiamo l'insieme dei numeri pari; si possono disporre in una lista e quindi numerare in questo modo:

2	4	6	8	10	12	14	16	18	20	22	...
1	2	3	4	5	6	7	8	9	10	11	...

Anche i numeri razionali sono numerabili, in quanto è agevole disporli tutti in una lista. Al contrario, i numeri irrazionali costituiscono l'esempio paradigmatico di insieme infinito non numerabile bensì continuo.

■ Insiemi numerabili e non numerabili

Per far vedere che i razionali sono numerabili, il trucco consiste nell'elencare tutte le frazioni tali che la somma di numeratore e denominatore sia pari a 2, di seguito tutte le frazioni tali che la somma di numeratore e denominatore sia pari a 3 e così via:

1/1	1/2	2/1	1/3	2/2	3/1	1/4	2/3	3/2	4/1	1/5	...
1	2	3	4	5	6	7	8	9	10	11	...

I razionali negativi possono essere poi inseriti ognuno dopo il corrispondente positivo, e aggiunto anche lo zero.
Nella lista così ottenuta sono elencati *tutti* i numeri razionali, i quali pertanto (ignorando le ripetizioni) sono tanti quanti sono i numeri naturali, essendo posti in corrispondenza biunivoca con questi ultimi che pure ne costituiscono un sottoinsieme proprio. In questo senso, nel caso degli insiemi infiniti il tutto può non essere più grande di una sua parte.
Proviamo invece a elencare i numeri irrazionali e vediamo cosa succede. A questo fine, è sufficiente prendere in considerazione solo i numeri irrazionali compresi tra 0 e 1: se questi non non sono numerabili, non lo saranno neanche tutti gli irrazionali.
Immaginiamo dunque di disporre in una lista, uno sotto l'altro, tutti questi numeri con infinite cifre decimali (senza alcun gruppo che si ripeta indefinitamente):

0,8930...
0,1344...
0,4258...
0,7234...
...

Cantor dimostra allora che questa lista non potrà mai contenere *tutti* i numeri irrazionali tra 0 e 1, e lo fa con un semplicissimo metodo, quello della *diagonalizzazione*. Egli costruisce un numero dello stesso tipo in questo modo: considera la prima cifra decimale del primo numero della lista e ci somma 1, poi considera la seconda cifra decimale del secondo numero e ci somma 1, e così via scendendo in diagonale. Il numero che si ottiene:

0,9465...

per costruzione non coincide con nessuno di quelli della lista. Va rimarcato che ciò avviene proprio perché i numeri considerati hanno infinite cifre decimali *senza alcuno schema di ripetizione*.

Se inseriamo questo numero nella lista, ripetendo il procedimento ne troviamo sempre uno nuovo che nella lista non è contenuto: la lista non sarà mai completa.

Pertanto i numeri reali nel loro complesso, comprendendo i razionali numerabili e gli irrazionali non numerabili, sono essi stessi non numerabili, non si possono elencare. Se ci proviamo, ce ne sarà sempre qualcuno che sfugge e resta fuori dalla lista.

L'infinito continuo è dunque qualcosa di profondamente diverso dall'infinito numerabile; è lo specchio del fatto che esiste qualcosa di più oltre a ciò che può essere scomposto in passi ben definiti (siano essi finiti o infiniti), che quindi possono essere numerati. Non a caso il ricondursi ai numeri reali, e con essi al metodo di diagonalizzazione di Cantor, sta alla base sia della prova di Gödel sia, come vedremo subito, di quella di Turing.

I numeri reali possono essere posti in corrispondenza biunivoca con i punti di una retta geometrica, i quali pertanto sono un'infinità continua, e proprio da ciò deriva l'attributo "continuo", come contrapposizione a un insieme di punti discreti che rappresentano un'infinità numerabile:

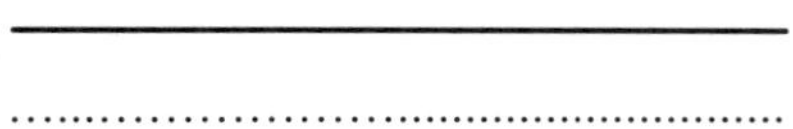

Si noti che i numeri irrazionali sono molti, molti di più dei numeri razionali; anzi, si può dire che i primi rappresentano la quasi totalità dei numeri reali, considerato che un'infinità numerabile a confronto con un'infinità continua è praticamente trascurabile.

E quante sono le macchine di Turing? Alan Turing risponde a questa domanda nel modo seguente.

Una macchina di Turing si identifica a tutti gli effetti con la propria tabella di comportamento, la quale contiene un insieme finito di istruzioni. Mediante un'opportuna codifica della tabella, Turing ottiene allora una stringa finita di caratteri che chiama *descrizione standard*.

La descrizione standard contiene tutte le informazioni contenute nella tabella di comportamento e quindi codifica di fatto la macchina stessa. A partire da una descrizione standard si può, decodificandola, ricostruire la macchina di Turing corrispondente. La descrizione standard è peraltro l'artificio usato da Turing per pervenire alla sua macchina universale.

A questo punto è molto facile associare a ogni lettera una cifra decimale e trasformare così una descrizione standard in un numero intero positivo che Turing chiama *numero di descrizione*. Il numero di descrizione identifica univocamente una macchina di Turing. Pertanto, le macchine di Turing (e dunque gli algoritmi) possono essere al massimo tante quanti sono sono i numeri interi: un'infinità numerabile.

Siamo giunti infine alla sconcertante conclusione: le macchine di Turing, costituendo un'infinità numerabile, non possono computare tutti i numeri reali, che costituiscono un'infinità continua.

Grazie al fatto di essere riuscito a rappresentare, e nel contempo a definire rigorosamente, un algoritmo mediante la sua macchina astratta, Turing dimostra così che esistono dei numeri reali non computabili. E, come conseguenza, che una teoria formale non banale è necessariamente indecidibile, per quanto si è detto all'inizio del paragrafo.

I numeri non computabili sono quasi tutti i numeri reali, essendo un'infinità continua mentre quelli computabili solo un'infinità numerabile. Certamente è stupefacente che per la stragrande maggioranza dei numeri reali, anche se sono definibili, non sia possibile calcolare le cifre.

Dunque un algoritmo in linea di principio non può calcolare qualsiasi cosa. Ciò segna un limite a ciò che una macchina o comunque un procedimento meccanico può fare.

Ma una macchina di Turing imita un particolare processo mentale del contabile umano, ricordate? Il risultato di Turing potrebbe allora essere visto in positivo come un indizio del fatto che esistono dei processi mentali che non sono algoritmici. Del fatto, cioè, che la mente sfugga a una completa meccanizzazione.

Turing pensò a questa possibilità, e cercò di concretizzarla nella sua tesi di dottorato a Princeton.

Ma prima parliamo della macchina di Turing universale.

La macchina di calcolo universale

Come se non bastasse tutto quanto visto, dall'articolo del 1936 scaturisce ancora un ulteriore contributo determinante, di importanza diretta per il futuro campo dell'informatica.

Nella sezione 6 (di 11) dell'articolo, Turing scrive:

> È possibile inventare una singola macchina che può essere usata per calcolare ogni sequenza computabile. Se dotiamo questa macchina *U* di un nastro all'inizio del quale è scritta la descrizione standard di una data macchina *M*, allora *U* calcolerà la stessa sequenza di *M*.

Affiora qui dunque l'idea di una macchina programmabile.

La tabella di comportamento di una specifica macchina di Turing M, ossia un particolare algoritmo, diventa ora un vero e proprio programma di calcolo grazie alla sua codifica nella stringa di caratteri che è la descrizione standard.

A questo punto abbiamo bisogno di una sola macchina di Turing, una macchina universale U la cui tabella è tale da far sì che decodifichi una qualsivoglia descrizione standard e impersoni di volta in volta la specifica macchina M a essa corrispondente. A tal fine i caratteri usati per la descrizione standard vanno a far parte dell'alfabeto della macchina insieme ai simboli "0" e "1".

Bisogna rimarcare che si tratta di un grande balzo in avanti concettuale. Ciò che segna un punto di svolta nella storia del computer è infatti proprio la concezione di una macchina di calcolo con programma memorizzato a parte, e quindi la distinzione tra hardware e software. La macchina diventa di per sé di uso generale, mentre i programmi che le permettono di eseguire compiti diversi le vengono forniti allo stesso modo dei dati.

Una concezione, ancora una volta, oggi data per scontata ma che non lo è affatto.

I meccanismi pensati o anche realizzati fino a quel momento erano infatti in grado di eseguire solo una serie fissata di compiti. Compiti che andavano dalle semplici operazioni aritmetiche delle macchine seicentesche di Pascal e Leibniz alle più complesse tavole di logaritmi e di funzioni trigonometriche della "macchina differenziale" (*Difference Engine*) di Charles Babbage nei primi decenni dell'Ottocento.

Non era così invece la "macchina analitica" (*Analytical Engine*) progettata (ma purtroppo mai realizzata) dallo stesso Babbage, il quale era stato studente del Trinity College a Cambridge. Si trattava infatti di un congegno meccanico programmabile per eseguire ogni genere di calcolo, la cui architettura era sorprendentemente simile a quella dei computer moderni visto che prevedeva una memoria e un'unità di elaborazione per i calcoli aritmetici. Ancora più interessante è il fatto che la macchina analitica usasse schede perforate per l'input di dati e programmi. Babbage era arrivato a questa idea basandosi sul telaio inventato da Joseph-Marie Jaquard: una sorta di telaio automatico dove la trama da tessere veniva stabilita appunto mediante schede perforate.

La macchina di Turing universale si distingue per il fatto che affonda le sue radici nella logica. L'universalità della macchina rispecchia quindi in ultima analisi l'universalità della logica.

Che i medesimi procedimenti logici siano applicabili a compiti radicalmente diversi tra di loro è di per sé un fatto non ovvio che non è stato subito ben compreso da tutti. Basti pensare che Howard Aiken ancora nel 1956 disse:

> Se dovesse venir fuori che la logica di base di una macchina progettata per la soluzione numerica di equazioni differenziali coincide con la logica di una macchina pensata per i conti di un grande magazzino, considererei questa la più stupefacente coincidenza che io mai abbia incontrato.

A von Neumann però di certo non sfuggì, come egli stesso scrisse a Norbert Wiener nel 1946, il "grande positivo contributo di Turing (...) che un singolo, ben definito meccanismo può essere universale".

L'invenzione di Turing ha apportato un grande e positivo contributo sotto molteplici aspetti: per la logica e i fondamenti della matematica, per l'introspezione nel funzionamento della mente umana, per il cammino verso il computer. È per riassumere tutto questo che John P. Burgess, docente di filosofia a Princeton, ha definito la macchina di Turing "una delle pietre miliari intellettuali dello scorso secolo".

Turing a Princeton: intuito

A bordo della gigantesca nave passeggeri Berengaria, Alan Turing salpò nel settembre 1936 dal porto di Southampton alla volta di New York. Da lì poi raggiunse la vicina cittadina di Princeton, nel New Jersey, sede di due delle più prestigiose istituzioni di insegnamento e ricerca del mondo: la Princeton University e l'Institute for Advanced Studies. Più tardi il suo insegnante di Cambridge Max Newman lo raggiunse.

Già in precedenza Turing ambiva ad andare a studiare a Princeton, ma si convinse definitivamente quando seppe che Alonzo Church, che lì insegnava, aveva pubblicato un articolo sul problema della decisione, affrontandolo in una maniera completamente diversa.

L'ambiente intellettualmente stimolante della cittadina americana comprendeva molti tra i più grandi nomi della matematica e della fisica, come John von Neumann, Hermann Weyl, Richard Courant, Godfrey Harold Hardy, Kurt Gödel, Alonzo Church e, naturalmente, Albert Einstein.

Proprio Alonzo Church fu il relatore della tesi di dottorato con la quale Alan Turing ottenne il titolo di Ph.D. nel giugno 1938. La tesi, dall'indecifrabile titolo *Sistemi logici basati sugli ordinali* (*Systems of Logic Based on Ordinals*), è sicuramente meno conosciuta dell'articolo del 1936, forse anche a causa della sua non facile lettura. Si tratta tuttavia di un lavoro molto profondo: Turing cercò di superare le limitazioni dei sistemi formali scoperte da Gödel e da lui stesso.

Il calcolo secondo le regole della logica, impiegato per eseguire ogni passo di un procedimento e formalizzato nella macchina di Turing, come abbiamo visto si è rilevato incompleto e non decidibile. Ma il beneamato contabile certamente non si limita al solo calcolo formale nel fare matematica. Turing cerca allora ancora di afferrare l'essenza della mente, dichiarando a questo punto che consiste non solo di logica formale ma anche di intuito. Esattamente quell'intuito che Hilbert dalla matematica aveva voluto eliminare totalmente.

Figura 2.2 – Max Newman (*fonte*: Wikimedia Commons).

Nella tesi di Princeton, Turing descrive perciò matematicamente una nuova versione della sua macchina, che chiama *o-machine*, la quale dispone di istruzioni in più, per così dire, che le permettono di effettuare questi passi puramente intuitivi. Istruzioni di un tipo essenzialmente diverso, non meccanico, non riproducibile in maniera algoritmica, e che Turing chiama *oracolo*. Al tempo stesso, per poter continuare ad assicurare la solidità dei fondamenti, egli cerca di confinare questa possibilità il più possibile, di limitarne l'impiego a circostanze ben specificate.

Ebbene, proprio a causa del confinamento, anche questo programma di Hilbert "emendato" non funziona: qualcosa resta ostinatamente sempre fuori, qualcosa che la mente afferra e alla macchina sfugge. Ma intanto Turing ha compiuto un ulteriore passo avanti nella ricerca del sapere.

John von Neumann offrì a Turing la possibilità di rimanere a Princeton come suo assistente. Il giovane Alan preferì invece, nel luglio 1938, tornare in patria. Ben conscio del fatto che nella vecchia Europa le luci stavano per spegnersi.

Capitolo 3

LA MENTE BATTE LA MACCHINA

Turing a Bletchley Park: criptoanalisi

Un altro grosso piroscafo, il Piriápolis, proveniente da Anversa, attraccò il 21 agosto 1939 nel porto di Buenos Aires dopo una traversata di più di tre settimane. Portava nella capitale argentina praticamente tutti i giocatori europei che dovevano partecipare alle Olimpiadi degli Scacchi.

Ai nostri giorni tutte le nazioni della Terra partecipano a questo Campionato del Mondo per squadre nazionali che si tiene ogni due anni e che rappresenta uno degli eventi più importanti e appassionanti della scena scacchistica internazionale, e sicuramente il più variopinto. Ma nel 1939 le 27 squadre che parteciparono all'edizione sudamericana costituivano un record per questa manifestazione giunta allora all'ottava edizione, la prima non giocata sul suolo europeo.

Le Olimpiadi di Buenos Aires si tennero dal 21 agosto al 19 settembre. Proprio il 1° settembre iniziarono le finali. Dopo una concitata discussione si convenne di proseguire con la competizione nonostante lo scoppio della Seconda guerra mondiale in Europa. Parecchi giocatori europei presenti, davanti alla prospettiva di un futuro senza speranza nel vecchio continente su cui aleggiava lo spettro del nazismo, decisero alla conclusione delle Olimpiadi di rimanere in Argentina, o comunque in Sudamerica. Per questa ragione il Piriápolis si guadagnò, a posteriori, il nomignolo di Arca di Noè degli scacchi. Tra i molti nomi di spicco che rimasero risalta la figura del Grande Maestro polacco Moishe Mieczyslav Najdorf, di famiglia ebrea: don Miguel, come affettuosamente veniva chiamato, divenne cittadino argentino e uno dei più forti giocatori al mondo. Degno di nota è inoltre il fatto che anche la squadra tedesca al completo, vincitrice delle Olimpiadi, non tornò indietro.

La squadra inglese invece, benché qualificata per le finali, scelse di tornare subito in patria. E tre dei cinque componenti furono reclutati a Bletchley Park: C.H.O'D. Alexander (Hugh per gli amici, e anche lui del King's College di Cambridge), Harry Golombek e Stuart Milner-Barry.

Intanto, esattamente il giorno dopo la dichiarazione di guerra dell'Inghilterra alla Germania, il 4 settembre 1939 Alan Turing si era insediato nel suo nuovo alloggio nella tenuta vittoriana di Bletchley Park, non molto distante sia da Londra sia da Cambridge.

Il governo britannico, in previsione della guerra, aveva da poco trasferito il suo servizio crittografico, la Government Code and Cypher School, dalla Room 40 di Whitehall nel cuore di Londra al ben più grande complesso di Bletchley Park, sotto il comando di Alistair Denniston. E soprattutto lo aveva potenziato reclutando alcune delle più brillanti menti disponibili: matematici, scacchisti, linguisti, classicisti, esperti di parole crociate, storici, persino un papirologo; con lo scopo di penetrare nelle comunicazioni cifrate del nemico, in particolare della Germania, e in particolare quelle prodotte dalla celebre macchina Enigma. Durante la guerra i tedeschi trasmettevano le comunicazioni militari per radio in codice Morse, e gli inglesi potevano facilmente ascoltarle e trascriverle. Intercettare le trasmissioni radio non è certo un problema; il problema è che i messaggi prima di essere inviati venivano cifrati mediante Enigma.

Molti di questi eclettici personaggi provenivano dalle Università di Cambridge e Oxford, ed erano praticamente tutti uomini con la notevole eccezione di Joan Clark; anche Max Newman si unì al gruppo. Oltre ai criptoanalisti c'era poi un cospicuo numero di impiegati per i lavori di routine, per i compiti amministrativi, e soprattutto per garantire il funzionamento delle numerose macchine in servizio; e tra questi le donne (non essendo al fronte) invece abbondavano. Nel 1945 il numero di persone che lavoravano a Bletchley Park era salito dagli iniziali 200 a ben 9000. Intorno alle attività del centro fu ovviamente mantenuto il più assoluto segreto, persino per molti anni dopo la guerra.

Lo storico Sir Francis Harry Hinsley, uno dei criptoanalisti che ci lavorarono, affermò in un suo libro del 1996 che Ultra, nome in codice dato alle informazioni ottenute da Bletchley Park, abbreviò la guerra da due anni a quattro anni.

La storia della decifrazione della macchina crittografica Enigma è piuttosto complessa e sfaccettata, perché così era la macchina stessa, la maniera in cui le comunicazioni cifrate venivano gestite, e le ramificate modifiche a entrambe le cose apportate nel corso del tempo. Alan Turing fu determinante per la decifrazione di Enigma, soprattutto per quanto riguarda la versione in dotazione alla Kriegsmarine, la Marina Militare del Reich. Questa versione era quella utilizzata dagli U-Boot, e la sua decifrazione fu una vittoria contro la guerra sottomarina tedesca nell'Atlantico del Nord: il giudizio di Hinsley è dunque fondato e fu peraltro condiviso anche da Churchill e da Eisenhower.

Nel perimetro della tenuta originaria a Bletchley Park erano stati costruiti degli edifici addizionali, alcuni in legno (*Huts*), altri in mattoni (*Blocks*). La Hut 8 si occupava appunto della macchina Enigma della Marina, con Turing quale principale artefice della criptoanalisi.

La lotta tra crittografia e criptoanalisi

Supponiamo che Clotilde voglia inviare un messaggio della massima importanza a Brunilde. Il canale che usa può essere qualunque: corriere, telegrafo, telefono, radio, e-mail, posta ordinaria, social network ecc. Di certo c'è che, comunque si scelga il canale, non è mai sicuro, e la perfida Grimilde può sempre intercettare il messaggio.

Cosa può fare allora Clotilde? Può ricorrere ai metodi della crittografia (dal greco: scrittura segreta) per trasformare il messaggio in chiaro in un altro diverso, in un messaggio cifrato, utilizzando una chiave; solo Brunilde, che conosce la chiave, può eseguire il procedimento inverso e riottenere il messaggio originale.

La chiave va condivisa da Clotilde e Brunilde, ma ovviamente non va inviata così com'è sul canale di trasmissione.

E che cosa può fare a questo punto Grimilde? Può ricorrere ai metodi della criptoanalisi per cercare di decifrare tutto o in parte il messaggio cifrato diretto a Brunilde anche se non conosce la chiave ed eventualmente neanche il procedimento usato.

Crittografia e criptoanalisi sono le due branche della scienza della criptologia, le due facce di una stessa medaglia ma in lotta tra loro.

Il testo in chiaro viene dunque trasformato in un testo cifrato mediante un algoritmo crittografico, per il quale la chiave è pure un dato di ingresso.

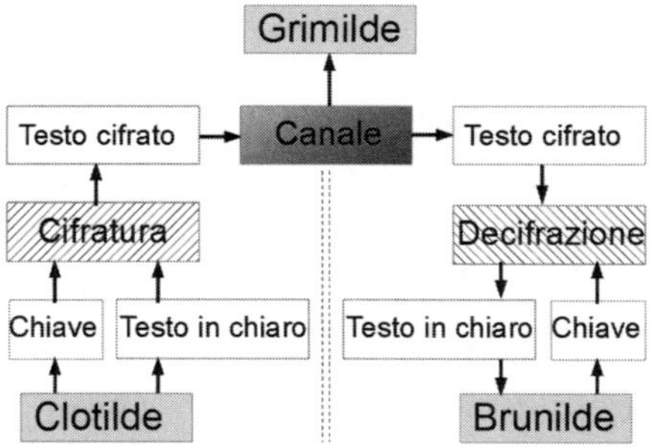

Figura 3.1 – Sistema di comunicazione crittografico.

La complessità e l'affidabilità degli algoritmi usati nel corso della storia dipendono dalla tecnologia impiegata. Tre distinte epoche possono essere identificate: fino agli inizi del XX secolo la cifratura di un messaggio veniva fatta a mano da un contabile umano; poi, e fino agli anni Sessanta, furono impiegate delle macchine dedicate di tipo elettromeccanico, esattamente come Enigma; infine, prepotentemente, entrò in scena il computer con degli appositi programmi software.

Ovviamente la stessa cosa vale parallelamente per la criptoanalisi: il criptoanalista poteva disporre di volta in volta dell'ausilio di carta e matita, o di macchine elettromeccaniche come le Bombe di Alan Turing che vedremo dopo, o del computer stesso. Ma sempre, egli deve procedere con fantasia e intuito, oltre che con la logica.

La prima idea che viene in mente per cifrare un testo è quella di fare una permutazione delle lettere dell'alfabeto. Ognuna delle lettere (21 per l'alfabeto italiano, 26 per l'alfabeto latino internazionale moderno) viene sostituita con un'altra; la chiave di un tale cifrario a sostituzione è la tabella di corrispondenza tra lettere del messaggio in chiaro e lettere del messaggio cifrato, com'era quella, piuttosto ingenua, utilizzata dalla Carboneria italiana del Risorgimento:

a	b	c	d	e	f	g	h	i	l	m	n	o	p	q	r	s	t	u	v	z
o	p	g	t	i	v	c	h	e	r	n	m	a	b	q	l	z	d	u	f	s

Ancora più elementare è tale algoritmo se la sostituzione viene realizzata semplicemente spostando l'alfabeto di un numero fisso di posizioni in avanti (la chiave), in modo circolare. Questo cifrario a spostamento risale addirittura a Giulio Cesare. Se il messaggio in chiaro è *Gallia est omnis divisa in partes tres* e la chiave è uno spostamento di 3:

a	b	c	d	e	f	g	h	i	j	k	l	m	n	o	p	q	r	s	t	u	v	w	x	y	z
d	e	f	g	h	i	j	k	l	m	n	o	p	q	r	s	t	u	v	w	x	y	z	a	b	c

Clotilde ottiene come messaggio cifrato:

Jdoold hvw rpqlv glylvd lq sduwhv wuhv

Brunilde, non appena riceve questo messaggio, sposta ciascuna lettera all'indietro di tre posizioni e il gioco è fatto.

Ma tale semplice algoritmo può forse ingannare qualche sempliciotto, non certo la furbissima Grimilde. Se lei sa che è stato usato il cifrario di Cesare, può agevolmente decifrare il messaggio per tentativi, provando le varie chiavi: spostamento di 1, 2, 3, 4, ... finché riesce; si tratta di sole 25 chiavi diverse.

Se però Grimilde può solo supporre che sia stato usato un generico cifrario a sostituzione, il numero di chiavi diverse è pari al numero di permutazioni delle 26 lettere dell'alfabeto, questa volta un numero veramente enorme, dell'ordine di grandezza di 4×10^{26}.

La sicurezza di un algoritmo crittografico può essere caratterizzata mediante la *lunghezza di chiave*: quante cifre binarie (bit) sono necessarie per scrivere il numero di possibili chiavi diverse. Dal momento che per rappresentare 4×10^{26} possibilità diverse occorrono 89 cifre binarie, possiamo dire equivalentemente che un generico cifrario a sostituzione ha una lunghezza di chiave di 89 bit. Per confronto, il cifrario di Cesare corrisponde a una chiave di 5 bit, in quanto 25 chiavi diverse si possono etichettare per mezzo di un numero binario di 5 cifre. Si noti che ogni aumento di un bit nella lunghezza di chiave binaria significa un raddoppio del numero di chiavi possibili.

La lunghezza di chiave misura in pratica la resistenza contro il metodo criptoanalitico *a forza bruta* che prova tutte le chiavi una dopo l'altra. Un valore elevato costituisce pertanto un requisito necessario per la sicurezza di un algoritmo crittografico, ma sicuramente non sufficiente.

Per un generico cifrario a sostituzione il metodo a forza bruta risulta già non più applicabile.

Tuttavia, Grimilde può impiegare uno dei metodi più noti della criptoanalisi: l'analisi delle frequenze. Le singole lettere, nonché le coppie di lettere consecutive, o i gruppi di tre lettere adiacenti, e così via, compaiono in una determinata lingua statisticamente con una frequenza conosciuta. Dall'esame di queste frequenze nel testo cifrato Grimilde può risalire quindi alla lettera in chiaro che corrisponde a ciascuna lettera cifrata.

Un metodo sconosciuto ai tempi di Cesare e nei secoli successivi, ma ben noto ed efficace già a partire dal Quattrocento. Il semplice cifrario a sostituzione monoalfabetica di conseguenza non era più affidabile.

Una possibile maniera di migliorare la sicurezza è quella di utilizzare una sostituzione polialfabetica. L'idea risale a Leon Battista Alberti nel XV secolo, e fu poi realizzata in un concreto algoritmo da Blaise de Vigenère nel XVI, ma va citato il fatto che un tale algoritmo era già stato descritto da Giovan Battista Bellaso in un suo libro del 1553.

Il problema del cifrario a sostituzione è che impiega un unico alfabeto di cifratura; di conseguenza ciascuna lettera presente nel testo in chiaro (la "l" per esempio) viene sempre trasformata nella stessa lettera cifrata (per esempio "o") prestando così evidentemente il fianco alla criptoanalisi basata sulle frequenze. L'idea è allora quella di usare un cifrario a spostamento come quello di Cesare, ma cambiando però il valore dello spostamento, e quindi l'alfabeto di cifratura, a ogni lettera. Il particolare cifrario a sostituzione polialfabetica che ne risulta viene denominato *cifrario di Vigenère*.

■ Il cifrario di Vigenère

Il funzionamento del cifrario di Vigenère è piuttosto semplice. Clotilde, che vuole cifrare il suo messaggio *Gallia est omnis divisa in partes tres*, sceglie una password, e sia essa per esempio "turing". Allora, la prima corrispondenza da usare è quella ottenuta spostando l'alfabeto di cifratura fino a farlo iniziare con la lettera "t":

a	b	c	d	e	f	**g**	h	i	j	k	l	m	n	o	p	q	r	s	t	u	v	w	x	y	z
t	u	v	w	x	y	**z**	a	b	c	d	e	f	g	h	i	j	k	l	m	n	o	p	q	r	s

Con questo corrispondenza Clotilde cifra la prima lettera del testo in chiaro, trasformando quindi la "g" in "z". A questo punto Clotilde prende la seconda lettera della password, "u", e ottiene un secondo alfabeto di cifratura:

a	b	c	d	e	f	g	h	i	j	k	l	m	n	o	p	q	r	s	t	u	v	w	x	y	z
u	v	w	x	y	z	a	b	c	d	e	f	g	h	i	j	k	l	m	n	o	p	q	r	s	t

e con esso lei cifra la seconda lettera del testo in chiaro, trasformando quindi la "a" in "u". E così via. Quando le lettere della password sono finite, si ricomincia dall'inizio.
La password usata è la chiave di questo algoritmo crittografico. Il numero di possibili chiavi resta inaccessibile. Per una banale chiave di 6 caratteri alfabetici senza ripetizioni abbiamo 165.765.600 possibilità, che corrisponde a una lunghezza di chiave di 28 bit. Già usando 9 caratteri abbiamo circa 10^{12} (mille miliardi) possibilità, ovvero 41 bit. Ma ora l'analisi delle frequenze non serve più a nulla perché una stessa lettera in chiaro viene cifrata, ogni volta che compare, generalmente in una lettera diversa. Semplice e geniale.
Con la password "turing", la prima "l" di "Gallia" diventa una "x":

a	b	c	d	e	f	**g**	h	i	j	k	l	m	n	o	p	q	r	s	t	u	v	w	x	y	z
r	s	t	u	v	w	**x**	y	z	a	b	c	d	e	f	g	h	i	j	l	m	n	o	p	q	r

ma la seconda "l" diventa una "o":

a	b	c	d	e	f	**g**	h	i	j	k	l	m	n	o	p	q	r	s	t	u	v	w	x	y	z
i	j	k	l	m	n	**o**	p	q	r	s	t	u	v	w	x	y	z	a	b	c	d	e	f	g	h

Il cifrario di Vigenère venne impiegato tra l'altro durante la guerra di secessione americana. Sia i nordisti sia i sudisti utilizzavano un disco di cifratura in ottone, composto da due dischi concentrici che potevano essere ruotati uno rispetto all'altro; un'idea che rende più semplice e rapido il procedimento, e che risale allo stesso Leon Battista Alberti. Su ciascun disco erano impresse le 26 lettere dell'alfabeto.

L'operatore ruotava i dischi in modo che la "a" di quello esterno (alfabeto in chiaro) andasse a corrispondere sul disco interno (alfabeto di cifratura) di volta in volta alle successive lettere della password, e così poteva cifrare il messaggio in chiaro lettera per lettera esattamente nella maniera che abbiamo descritto.

Figura 3.2 – Riproduzione di un disco di cifratura dei Confederati (*fonte*: Wikipedia).

Il cifrario di Vigenère si guadagnò l'attributo di *chiffre indéchiffrable*. Ma Grimilde non si arrende. Lei si attacca caparbiamente a qualunque appiglio disponibile: una minima debolezza in un algoritmo crittografico è musica per le orecchie del criptoanalista, che la sfrutta come punto di partenza per la sua inesorabile analisi. Pazientemente, Grimilde toglie un mattoncino dopo l'altro al mirabile edificio del cifrario, finché questo crolla come un castello di carte.

Naturalmente, più è ingegnoso e affidabile il lavoro di Clotilde, e più ingegnoso e complesso deve essere il metodo seguito da Grimilde se vuole fare vedere chi è la più furba del reame.

E difatti, il cifrario di Vigenère fu decifrato. È per questa ragione che fu inventato Enigma, a sua volta poi decifrato da Alan Turing.

A riuscire per primo nell'impresa di decifrare Vigenère, nel 1854, fu un personaggio che abbiamo già incontrato e che può dunque essere considerato come predecessore di Turing anche in questo campo: Charles Babbage, il quale tuttavia non pubblicò nulla a riguardo. Il merito di aver sviluppato (indipendentemente) una tecnica completa per decifrare Vigenère e di averla descritta in un libretto pubblicato nel 1863 va a Friedrich Kasiski.

Qual è la debolezza di Vigenère? È il fatto che la password ha una lunghezza limitata. Mettiamo che la password sia composta da *n* caratteri: questo comporta che per cifrare il testo in chiaro vengono usati *n* cifrari a spostamento di Cesare diversi; ma dopo *n* lettere in chiaro, nonché dopo ogni multiplo di *n* lettere, si ripresenta nuovamente il primo degli *n* alfabeti cifrati, e così via in sequenza.

Il metodo escogitato da Babbage e da Kasiski sfrutta proprio questa circostanza per ricavare, a partire da un testo cifrato, dapprima la lunghezza della password usata e successivamente, grazie a questa informazione, la password stessa.

■ La decifrazione di Vigenère

Come il cifrario stesso, il metodo per decifrare Vigenère è semplice e geniale. A grandi linee, funziona come segue.

Primo passo

Grimilde analizza il testo cifrato che ha sottomano alla ricerca di tutti i gruppi di lettere che si ripetono in più punti. Per esemplificare, ammettiamo che nel testo cifrato ci siano i seguenti gruppi che si ripetono più di una volta: "ards", "ttxka", "qgwq".

Il fatto che "ards" si ripeta nel testo cifrato dopo, diciamo, 48 lettere, vuol dire due cose molto importanti. Vuol dire che nel testo in chiaro c'è una parola di quattro caratteri che si ripete dopo 48 lettere, ma non basta. Vuol dire anche che 48 è un multiplo della lunghezza *n* della password, condizione necessaria trattandosi di un cifrario polialfabetico. Grimilde conteggia allora tutte le distanze in lettere tra le varie ripetizioni di tutti e tre i gruppi individuati. Siano esse 48, 18, 96. La lunghezza della password deve essere un divisore comune di tutte queste distanze. Potrebbe essere quindi 3 oppure 6, ma il valore più plausibile è: 6.

Secondo passo

Se la password è lunga 6 caratteri, allora nel testo cifrato le lettere n. 1, 7, 13, 19, 25, ... sono state tutte ottenute con lo stesso alfabeto di cifratura, il primo di sei. Grimilde le tira fuori e le mette tutte insieme. Poi fa lo stesso per tutte le lettere cifrate dal secondo alfabeto di cifratura (n. 2, 8, 14, 20, 26, ...), e va avanti così fino al sesto.

Ora Grimilde ha davanti a sé 6 testi cifrati, ognuno ottenuto mediante un cifrario a spostamento *monoalfabetico*, a ciascuno dei quali separatamente può applicare un'analisi di frequenza per le singole lettere, e su questa base ricava ciascuno dei 6 caratteri della password: "turing".

La macchina Enigma

In molti casi si può continuare a utilizzare un algoritmo crittografico per il quale è noto il metodo di decifrazione, sostanzialmente perché lo sforzo per svelare il segreto non varrebbe la candela. Ma negli ambiti in cui la segretezza deve essere assoluta, come quello militare o anche quello commerciale, ciò non è pensabile. Durante e dopo la Prima guerra mondiale si era perciò alla ricerca di una maniera di superare gli algoritmi crittografici disponibili, implementati manualmente e ormai insicuri.

A questo fine fu compiuto un passo determinante: il passaggio alla seconda epoca delle tecniche crittografiche, quella in cui una data cifratura viene eseguita da una macchina appositamente realizzata. La tecnologia disponibile agli inizi del Novecento era l'elettromeccanica, e comuni macchine elettromeccaniche come le telescriventi potevano fungere da modello. Una delle conseguenze importanti di questo passaggio è che mentre per eseguire a mano un algoritmo occorre un esperto, chiunque può adoperare una macchina crittografica, anche chi è totalmente a digiuno di crittografia.

L'ingegnere tedesco Arthur Scherbius brevettò nel 1918 la sua macchina crittografica Enigma. Scherbius offrì subito la sua invenzione alla Marina Militare e al Ministero degli Esteri, ma poiché questi non si mostrarono interessati (sostanzialmente perché l'idea di una macchina che si occupasse della crittografia non sembrava convincente) decise di commercializzare la sua invenzione fondando appositamente nel 1923 a Berlino la ditta Chiffriermaschinen AG.

Figura 3.3 – Una macchina Enigma (*fonte*: Wikimedia Commons).

Esteriormente, Enigma somiglia a una macchina per scrivere, essendo dotata di una tastiera con le 26 lettere dell'alfabeto. Sopra la tastiera c'è una schiera di lampadine, disposte esattamente come i tasti e come questi con le 26 lettere incise sopra. Quando l'operatore pigia sulla tastiera una lettera del testo in chiaro, diciamo G, si accende la lampadina con la lettera cifrata corrispondente, diciamo Z, che l'operatore trascrive. In tal modo un intero testo può essere cifrato lettera per lettera e poi inviato per radio.

Si noti che Enigma lavora solo con le 26 lettere maiuscole, non ha lo spazio né altri segni.

La macchina funziona poi nello stesso modo anche nella direzione inversa, quindi per decifrare: se l'operatore pigia il tasto Z, lettera del testo cifrato, si accende la lampadina G, corrispondente lettera in chiaro.

Il cuore, o se vogliamo il cervello, della macchina è pertanto ciò che al suo interno sta tra la tastiera e la schiera di lampadine: un sistema elettromeccanico che stabilisce un collegamento elettrico tra il tasto che viene premuto e la lampadina che si deve accendere.

L'idea di Scherbius fu di partire dal concetto di sostituzione polialfabetica, come nel cifrario di Vigenère, e di complicarlo in maniera tale da renderlo inaccessibile ai criptoanalisti.

Tra i 26 contatti elettrici dei tasti e i 26 contatti elettrici delle lampadine ci sono infatti tre dischi di cifratura, fisicamente accessibili dall'esterno nella parte alta della macchina.

■ Come Enigma cifra i messaggi

Per spiegare il funzionamento di Enigma in cifratura, facciamo inizialmente conto che di dischi ce ne sia uno solo.
Il disco di cifratura ha 26 contatti in ingresso (che toccano i contatti dei tasti) e 26 contatti in uscita (che toccano i contatti delle lampadine). Ogni contatto in ingresso è collegato elettricamente a un determinato contatto in uscita in maniera *fissa* all'interno del disco. Il disco quindi stabilisce una precisa corrispondenza, fisicamente dei collegamenti elettrici, tra tasti e lampadine e quindi tra lettere in chiaro e

lettere cifrate. Premendo un tasto si accende la corrispondente lampadina. Fin qui, il disco realizza quindi un cifrario a sostituzione monoalfabetica.
Ma il disco può essere *ruotato* dall'operatore, che in tal modo cambia la corrispondenza elettrica e quindi crittografica tra lettere in ingresso e lettere in uscita. Il disco di cifratura ruotando può assumere in tutto 26 posizioni, ognuna per comodità marcata mediante una lettera dell'alfabeto, per cui l'operatore può scegliere esattamente tra 26 cifrari a sostituzione monoalfabetica, ciascuno identificato da una lettera che rappresenta allora la chiave dell'algoritmo crittografico.
Il cifrario diventa però a sostituzione polialfabetica perché ogni volta che l'operatore preme un tasto il disco viene automaticamente ruotato di una posizione. Se per esempio in un data posizione del disco di cifratura si stabiliscono i collegamenti elettrici: da C-tasto a N-lampadina e da D-tasto a X-lampadina, allora spostando il disco di una posizione (un passo indietro) i collegamenti diventano rispettivamente: da B-tasto a M-lampadina e da C-tasto a W-lampadina.
L'operatore sceglie da quale dei 26 alfabeti di cifratura partire (la chiave) e poi la macchina cifra il testo in chiaro cambiando a ogni lettera l'alfabeto usato fino a esaurire i 26 disponibili e poi ricomincia.
Sappiamo dall'esperienza con il cifrario di Vigenère che se il numero di alfabeti di cifratura impiegati è piccolo il criptoanalista riesce a decifrare il messaggio. E 26 non è un gran numero. Questo è il motivo per cui i dischi di cifratura nella macchina Enigma sono *tre*, ognuno con il suo proprio cablaggio interno tra contatti in ingresso e contatti in uscita, e disposti uno dopo l'altro con i contatti esterni che si toccano. Quando il primo disco ha compiuto un intero giro, ritorna nella posi-

zione originaria, ma contemporaneamente il secondo viene avanzato automaticamente di una posizione; quando anche il secondo disco compie un giro intero, il terzo disco viene avanzato di una posizione. Solo nel momento in cui anche l'ultimo disco ha compiuto un giro completo avviene che tutti e tre i dischi ritornano nella posizione originaria, e da quel momento gli alfabeti si ripetono. Grazie a questo essenziale accorgimento, le possibili diverse posizioni dei tre dischi di cifratura presi insieme, e cioè il numero di alfabeti di cifratura usati, è pari a:

$$26 \times 26 \times 26 = 17.576$$

che è già un numero considerevole, abbastanza grande da rendere la vita molto difficile a Grimilde. Per ciascuno dei primi 17.576 caratteri di un messaggio in chiaro vengono usati alfabeti di cifratura sempre diversi.

La chiave per la macchina Enigma è data dalla posizione iniziale dei tre dischi di cifratura, quindi da tre lettere (visibili all'operatore in una finestrella accanto al rispettivo disco) che devono essere conosciute sia da Clotilde sia da Brunilde. Il numero di possibili chiavi è pari a 26^3=17.576 (15 bit).

Quello che ancora manca è l'operazione inversa: Brunilde, in possesso della stessa macchina di Clotilde, e a conoscenza della chiave per configurare la posizione iniziale dei dischi nello stesso modo, deve poter decifrare il messaggio cifrato ricevuto semplicemente battendo sulla tastiera le lettere che lo compongono e trascrivendo le lettere che di volta in volta si accendono.

Questo viene ottenuto grazie a come sono strutturati i percorsi elettrici e a un ulteriore disco, stavolta fisso, di cui Scherbius dotò la sua macchina e che chiamò riflettore. In sostanza, la macchina è simmetrica: se si stabilisce un percorso elettrico che porta da A-tasto a P-lampadina, allora se ne stabilisce anche uno da P-tasto a A-lampadina.

Una conseguenza molto interessante di questa simmetria è che una lettera non viene mai cifrata da Enigma nella lettera stessa. Una S del testo in chiaro non diverrà mai una S nel testo cifrato. Ciò a prima vista può sembrare un punto di forza, ma in realtà costituisce invece un ottimo appiglio per Grimilde, come vedremo.

Scherbius infine aveva fatto in modo che i dischi fossero intercambiabili, potevano cioè essere montati in un ordine qualunque.

Grazie alla commercializzazione Enigma cominciò a diffondersi e i militari ne capirono l'importanza. La Marina decise di adottarla nel 1926, seguita dall'Esercito nel 1928. Ovviamente a questo punto Enigma divenne un segreto militare.

Arthur Scherbius non seppe mai nulla della lotta di Alan Turing e degli altri contro la sua creatura, perché morì nel 1929 in un incidente a cavallo.

Figura 3.4 – Il Generale Heinz Guderian dal suo posto di comando mobile invia gli ordini cifrandoli con Enigma (*fonte*: Wikimedia Commons).

I militari tedeschi cambiarono i collegamenti elettrici interni dei dischi di cifratura, apportarono nel corso degli anni delle varianti alla macchina per rafforzarne la sicurezza, e la impiegarono in maniera massiccia prima e durante la guerra. Enigma aveva infatti anche il vantaggio di essere portabile, per peso e dimensioni e perché era alimentata a pile, per cui poteva essere usata altrettanto bene al quartier generale come al fronte, a bordo di un veicolo come di una nave o di un sottomarino. Secondo alcune stime, in tutto vennero prodotte nel Reich qualcosa come centomila macchine Enigma.

Figura 3.5 – Enigma con lo *Steckerbrett* aperto (*fonte*: Wikimedia Commons).

Un'importantissima miglioria, apportata dalle forze armate nel 1930, è l'introduzione dello *Steckerbrett*. Si tratta di un pannello posto nella parte anteriore della macchina e chiuso da un coperchio. Grazie a questo pannello si può, mediante l'inserimento di spinotti di collegamento bipolari (l'operatore ne aveva a disposizione inizialmente 6, in seguito 10), scambiare tra loro delle coppie di lettere, per esempio la T con la U e la D con la N come in Figura 3.5.

Prima di mandare una lettera in chiaro attraverso il sistema dei dischi di cifratura, viene fatta passare attraverso lo Steckerbrett e potrebbe quindi essere sostituita. La stessa cosa succede alla lettera cifrata che viene fuori dai dischi di cifratura. La posizione degli spinotti va a far parte della chiave del sistema crittografico. Il fatto interessante è che questo semplice accorgimento produce un aumento delle possibili configurazioni ben maggiore che non la semplice aggiunta di un ulteriore disco (cosa che peraltro riduce la portabilità della macchina). Un disco di cifratura aggiuntiva moltiplica infatti le possibili configurazioni solo per 26, mentre il pannello ha un numero enorme di possibili configurazioni: usando fino a 10 spinotti, circa 216 mila miliardi. Tuttavia lo Steckerbrett ha una configurazione che non muta durante la cifratura, per cui di suo introduce semplicemente una sostituzione monoalfabetica, e rappresenta pertanto un problema che un abile criptoanalista potrebbe riuscire a separare dal resto e attaccare. È esattamente ciò che fece Alan Turing, come spiegheremo a breve.

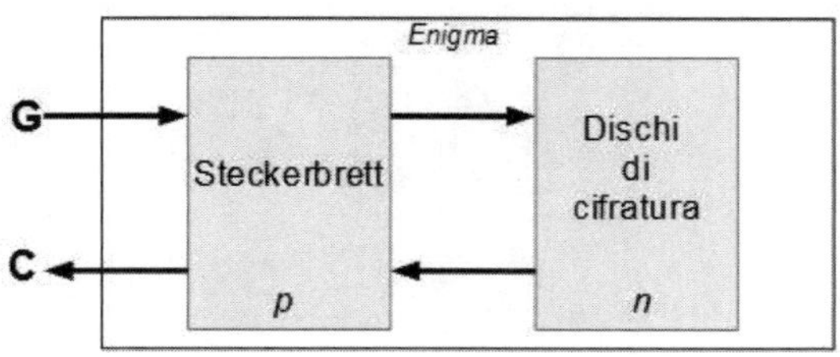

Figura 3.6 – Schema a blocchi di Enigma.

In Figura 3.6 si può vedere uno schema a blocchi riassuntivo di Enigma. Essendo la macchina simmetrica, si può fare riferimento alle lettere in ingresso e in uscita senza distinguere tra tasti e lampadine. A fini teorici è utile numerare le configurazioni di entrambe le parti che compongono Enigma. Lo Steckerbrett è in una configurazione fissa individuata dal numero p, mentre la configurazione dei dischi di cifratura dopo ogni lettera scatta dalla posizione individuata dal numero n alla posizione $n+1$.

Nell'esempio, quando si trova nella configurazione (p, n) la macchina trasforma la lettera G nella lettera C, ossia elettricamente stabilisce un collegamento tra il filo G e il filo C, e passa poi alla configurazione $(p, n+1)$.

Ma oltre alla macchina stessa, di fondamentale importanza è anche il modo in cui viene utilizzata. Come veniva usata in pratica Enigma?

Innanzitutto, c'erano vari gruppi separati di utilizzatori, le cosiddette *reti*. In ciascuna rete, per esempio i vari settori delle forze armate, il Ministero degli Esteri, i servizi segreti ecc., gli utilizzatori avevano necessità di comunicare tra di loro ma non con membri di altre reti. Tutti i membri di una rete, che potevano essere centinaia, usavano la stessa identica macchina Enigma. Ovviamente, particolare utilizzatori potevano far parte di più reti. A Bletchley Park, Turing e gli altri avevano dato dei nomi suggestivi a queste reti crittografiche, come Shark, Phoenix, Locust, Snowdrop; quella della Marina che comprendeva gli U-Boot la chiamavano Dolphin.

Sappiamo che Clotilde e Brunilde devono condividere la chiave, che consiste nell'esatta configurazione della macchina: ordine dei dischi di cifratura e loro posizione iniziale, posizione degli spinotti dello Steckerbrett, e quant'altro. Sarebbe impossibile pensare di utilizzare e condividere una chiave diversa per ogni messaggio in chiaro da cifrare e trasmettere, e improponibile l'idea di usarne una fissa e immutabile che sarebbe una manna dal cielo per Grimilde.

La soluzione perciò sta nel mezzo.

Per ciascuna rete venivano compilate e distribuite in stampa delle tabelle mensili che riportavano la chiave da usare in ogni giorno del mese in questione. Alla mezzanotte di ciascun giorno gli operatori cambiavano la configurazione della macchina secondo le indicazioni della tabella; questa configurazione restava in vigore fino alla mezzanotte successiva.

Parte della configurazione era la posizione dei dischi di cifratura, espressa come sappiamo mediante tre lettere, un *trigramma*. Ebbene, il trigramma giornaliero veniva usato solo per comunicare il trigramma di messaggio scelto di volta in volta dall'operatore, ed era poi questo secondo trigramma che veniva impiegato per cifrare il messaggio vero e proprio.

La comunicazione avveniva cioè con il seguente protocollo:

- Clotilde e Brunilde pongono entrambe i dischi in posizione CAP, trigramma giornaliero letto sulla tabella;
- Clotilde sceglie ad arbitrio, per *ogni* messaggio in chiaro da cifrare e inviare, ogni volta un diverso trigramma di messaggio, sia esso PLZ;
- Clotilde cifra le lettere PLZ con Enigma in posizione CAP; il risultato viene chiamato *indicatore*;
- Clotilde pone Enigma in posizione PLZ e cifra il messaggio;
- Clotilde invia a Brunilde insieme l'indicatore e il messaggio cifrato;
- Brunilde, con Enigma in posizione CAP, decifra l'indicatore ottenendo il trigramma di messaggio PLZ;
- Brunilde pone Enigma in posizione PLZ e decifra il messaggio.

Un buon compromesso tra sicurezza e praticità, caratteristica davvero indispensabile quando nella comunicazione sono coinvolte centinaia di persone.

Peccato che, almeno in un primo tempo, l'Esercito avesse deciso di ripetere due volte il trigramma di messaggio da cifrare e trasmettere: PLZPLZ, con l'idea di ridurre così gli errori dell'operatore o della trasmissione radio.

Fu proprio questa ripetizione ad aiutare la Grimilde di Varsavia.

Il contributo polacco

Abbiamo visto che non si può puntare sulla segretezza del canale di trasmissione del messaggio; al contrario, va sempre considerato insicuro, occorre aspettarsi sempre che Grimilde sia in ascolto.

Un analogo fondamentale assunto della criptologia è che non ci si può affidare alla segretezza del metodo usato per la cifratura. Bisogna sempre supporre che i dettagli dell'algoritmo crittografico siano o possano finire nelle mani di Grimilde. La sicurezza dell'intero sistema crittografico deve essere basata quindi sulla segretezza della chiave. In sostanza su un apposito anello della catena che, se anche venisse scoperto, produce meno danni e che è meno costoso da sostituire.

È quello che va sotto il nome di principio di Kerkhoffs, essendo stato enunciato nel 1883 dal linguista e crittografo olandese Auguste Kerkhoffs, riformulato poi dal padre della Teoria dell'Informazione, Claude Shannon, nella sua massima: "Il nemico conosce il sistema".

Gli Alleati avevano certamente a disposizione il modello commerciale di Enigma, ma intanto le connessioni interne dei dischi erano state cambiate, per non parlare dello Steckerbrett. Sebbene gli equipaggi delle navi tedesche avessero l'ordine di gettare in mare la macchina e ogni documento correlato in caso di cattura, avvenne che esemplari di Enigma durante la guerra cadessero in mano alleata.

Ma il nemico conobbe il sistema ancora prima, per via dell'inevitabile fattore umano: la spia Hans-Tilo Schmidt, nome in codice Asché, vendé ai francesi nei primi anni Trenta informazioni sulla macchina e su come era organizzata la comunicazione cifrata. Informazioni che i francesi a loro volta passarono ai polacchi, poiché questi avevano messo in piedi a Varsavia un ben organizzato gruppo di criptoanalisi, il Biuro Szyfrów, la cui mente era Marjan Rejewski.

La sistematica duplicazione della stessa sequenza in chiaro per ottenere l'indicatore consentì a Rejewski di trovare un bandolo della matassa. Egli infatti trovò il modo di ricavare, sulla base delle informazioni provenienti da Asché, le connessioni interne dei dischi di Enigma dell'Esercito, e inoltre le chiavi giornaliere a partire dagli indicatori. A questo punto gli bastò far costruire delle repliche della macchina per poter decifrare i messaggi intercettati per radio.

L'Esercito del Reich non poteva sapere che qualcuno leggesse i propri messaggi in chiaro, tuttavia come parte di normali miglioramenti decise nel 1938 di cambiare i dettagli di come venivano costruiti gli indicatori. I polacchi escogitarono allora altri metodi di decifrazione; ma i dettagli cambiarono ancora, questa volta nella macchina stessa:

il numero di dischi in dotazione venne portato a 5, da cui scegliere i 3 da montare.

Il 1° settembre 1939 la Germania invase la Polonia. Ma intanto il Biuro Szyfrów, in luglio, aveva passato ogni informazione in suo possesso ai francesi e agli inglesi, e quelle informazioni arrivarono a Bletchley Park.

Turing contro Enigma

A Bletchley Park la criptoanalisi delle macchine Enigma dell'Esercito e dell'Aeronautica veniva condotta nella Hut 6. La più coriacea crittografia della Marina militare (*Kriegsmarine*) era invece compito della Hut 8 di Alan Turing.

La prospettiva di affrontare in tutta autonomia un problema complesso che era sfuggito ad altri ovviamente non poteva che attirare Turing come un magnete. Oltre a ciò, poter decifrare le comunicazioni degli U-Boot era vitale per gli Alleati.

La creazione di una flotta di circa 300 sottomarini U-Boot era stata fortemente voluta dall'Ammiraglio Karl Dönitz, che poi ne fu il comandante. Per mezzo della guerra sottomarina gli U-Boot durante tutta la Seconda guerra mondiale avevano posto un vero e proprio assedio alla Gran Bretagna, attaccando i convogli che portavano ogni genere di rifornimenti inviati per mare dagli Stati Uniti. È chiaro che potendo leggere i messaggi si sarebbero potuti evitare gli attacchi e anche localizzare la posizione dei sottomarini.

Gli U-Boot e le navi di superficie in acque tedesche e nell'Atlantico formavano la rete crittografica Dolphin. La macchina Enigma di cui Dolphin si serviva all'inizio della guerra era la versione M3 della Kriegsmarine. A differenza della macchina dell'Esercito, M3 aveva una dotazione di 8 dischi di cifratura dai quali scegliere i 3 da montare: i primi 5 identici all'altra per mantenere una certa compatibilità, e i 3 aggiuntivi caratteristici solo di M3.

La Royal Navy era riuscita a catturare i tre dischi aggiuntivi, ma certamente questo da solo non era sufficiente.

Era infatti diverso e più complesso e sicuro il sistema con il quale Dolphin costruiva gli indicatori. L'appiglio utilizzato da Rejewski non era più disponibile, e d'altronde occorreva comunque un approccio più generale.

L'approccio di Turing si basa sui cosiddetti *crib*. Un crib in gergo è una parola o frase in chiaro che si può supporre (o si sa da materiale catturato, per esempio) sia contenuta in un messaggio cifrato intercettato. Gli operatori di Enigma, in effetti, usavano diverse frasi standardizzate.

Guardiamo l'esempio che fa Turing in persona in una sorta di manuale di istruzioni scritto per i colleghi nel 1940 a Bletchley Park e reso noto solo nel 1996:

D	A	E	D	A	Q	O	Z	S	I	Q	M	M	K	B	I	L	G	M	P	W	H	A	I	V
K	E	I	N	E	Z	U	S	A	E	T	Z	E	Z	U	M	V	O	R	B	E	R	I	Q	T

Il crib, la frase in chiaro che Turing suppone sia contenuta nel messaggio, si trova nella riga in basso. La frase è: "Keine Zusätze zum Vorbericht", scritta in una forma lievemente adattata per via delle limitazioni della tastiera di Enigma, e vuol dire: "Nessuna aggiunta al rapporto preliminare".

Nella riga in alto si trova la corrispondente sequenza cifrata. Come fa Turing a sapere in quale punto del messaggio cifrato si trova esattamente la sequenza corrispondente al suo crib? È qui che viene in aiuto il fatto che Enigma non cifra mai una lettera in chiaro nella stessa lettera. La frase in chiaro viene fatta scorrere lungo il testo cifrato fino a trovare un punto in cui non c'è alcuna uguaglianza tra lettere in chiaro e lettere cifrate: si è individuato così un ottimo candidato. Naturalmente si possono fare supposizioni aggiuntive, per esempio che il crib si trovi all'inizio o alla fine del messaggio.

Turing vuole allora trovare quale configurazione della macchina Enigma ha generato questa corrispondenza tra frase in chiaro e sequenza cifrata. Se ci riesce, ha in mano la chiave giornaliera e può decifrare tutti i messaggi intercettati nello stesso giorno fino alla mezzanotte.

Per fare questo egli deve provare le varie configurazioni di Enigma, e a tal fine progettò una macchina elettromeccanica che potesse essere di ausilio in questa ricerca. La macchina fu denominata Bomba di Turing, in omaggio a una macchina di simulazione realizzata da Rejewski per sfruttare l'indicatore con il trigramma raddoppiato e che i polacchi chiamavano appunto Bomba, probabilmente per via del ticchettio che emetteva.

La Bomba di Turing, un oggetto piuttosto ingombrante come si vede in Figura 3.7, aveva 36 gruppi di 3 tamburi che simulavano i dischi di cifratura di Enigma; i tamburi potevano essere collegati tra loro in qualsivoglia maniera e venivano fatti scattare nelle successive posizioni da un motorino. Una Bomba era pertanto in grado di simulare fino a 36 macchine Enigma (senza Steckerbrett).

Nel 1942 arrivarono a essercene in servizio una cinquantina, del modello a cui aveva contribuito anche Gordon Welchman con una importante miglioria, e alla fine della guerra erano addirittura 200.

Se volessimo impiegare un semplice metodo a forza bruta, le configurazioni da provare sarebbero troppe:

336 (possibili scelte di 3 dischi tra 8, in ordine)
moltiplicato per
17.576 (possibili posizioni iniziali dei 3 dischi di cifratura)
moltiplicato per
216.751.064.975.576 (possibili posizioni degli spinotti, massimo 10, nello Steckerbrett; il quale, come già sapevamo, fa la parte del leone in termini numerici).

Ma immaginiamo per un momento che lo Steckerbrett non esista. In tal caso il numero di configurazioni comincia a diventare accessibile.

La Bomba viene usata per simulare una macchina Enigma per ogni lettera del crib, in modo da trasformare le lettere non una dopo l'altra ma tutte insieme, in parallelo. Ovviamente, a tal fine la configurazione dei dischi di cifratura di ciascuna macchina deve essere uno scatto avanti rispetto alla macchina che la precede. Si può allora attaccare il problema con un procedimento per prove ed errori nel modo seguente.

Il crib dell'esempio ha 25 caratteri, per cui la Bomba viene configurata per simulare 25 macchine Enigma:

- la prima sta inizialmente in una certa configurazione *n* e le viene fornita in ingresso la prima lettera cifrata, "D";
- la seconda sta inizialmente nella configurazione *n+1* (uno scatto dopo) e le viene fornita in ingresso la seconda lettera cifrata "A";
- la terza sta inizialmente nella configurazione *n+2* (due scatti dopo) e le viene fornita in ingresso la terza lettera cifrata "E",

e così via.

Partendo da *n*=1, i dischi di cifratura delle 25 macchine Enigma simulate vengono allora fatti scattare avanti automaticamente e in modo sincronizzato tra loro, mentre le 25 lettere in ingresso rimangono sempre le stesse. Il valore di *n* viene incrementato fino a quando in uscita si ottiene il crib in chiaro o parte di esso. La Bomba è fatta in modo tale che in questo caso si ferma, raggiunge cioè uno stop.

Figura 3.7 – Riproduzione della macchina Bomba di Turing a Bletchley Park (*fonte*: Wikimedia Commons).

Dal valore di *n* che ha causato lo stop si può risalire alla chiave giornaliera, da testare a parte su repliche di Enigma. Ci può anche essere più di uno stop. Se nessuno stop fornisce una chiave effettivamente funzionante o se non ci sono stop bisogna fare altre prove, cambiare la scelta e l'ordine dei dischi ecc. Oppure, semplicemente il crib (o la sequenza cifrata) può essere sbagliato, e bisogna provarne un altro.

Con un lungo e accurato lavoro di interazione delle operatrici e dei criptoanalisti con la Bomba si riesce a trovare la chiave giornaliera.

Tutto questo è vero in assenza di Steckerbrett, ma il malefico pannello c'è e rende il numero di configurazioni del tutto inaccessibile.

Allora Turing ebbe una geniale idea per decifrare a parte lo Steckerbrett, basata sul fatto che, a differenza di quanto avviene per i dischi di cifratura, la configurazione del pannello è fissa durante la cifratura e decifrazione del messaggio. L'idea sfrutta brillantemente la circostanza che tra un crib e la corrispondente sequenza cifrata ci possono essere dei cicli chiusi di trasformazioni, i quali risultano indipendenti dallo Steckerbrett.

A questo punto si possono usare le Bombe per decifrare separatamente i dischi e lo Steckerbrett. Il grande obbiettivo di poter decifrare i messaggi della macchina Enigma della Kriegsmarine è raggiunto.

■ La decifrazione dello Steckerbrett

Osserviamo ancora il crib e la corrispondente sequenza cifrata:

01	02	03	04	05	06	07	08	09	10	11	12	13	14	15	16	17	18	19	20	21	22	23	24	25
D	A	E	D	A	Q	O	Z	S	I	Q	M	M	K	B	I	L	G	M	P	W	H	A	I	V
K	E	I	N	E	Z	U	S	A	E	T	Z	E	Z	U	M	V	O	R	B	E	R	I	Q	T

Ricordiamo che, essendo Enigma simmetrica, ciascuna coppia di lettere in verticale può essere interpretata sia come decifrazione sia come cifratura; la prima coppia, per esempio, dice che D viene trasformata in K da Enigma, in entrambi i versi. Turing nota che nella tabella ci sono dei gruppi di trasformazioni che formano un *ciclo chiuso*, sono cioè tali che la prima e l'ultima trasformazione del gruppo hanno una lettera in comune. Un esempio è quello evidenziato:

- (in posizione 5) la A viene trasformata in E;
- (in posizione 10) la E viene trasformata in I;
- (in posizione 23) la I viene trasformata di nuovo in A.

Si ha dunque il ciclo chiuso di trasformazioni A→E→I→A.

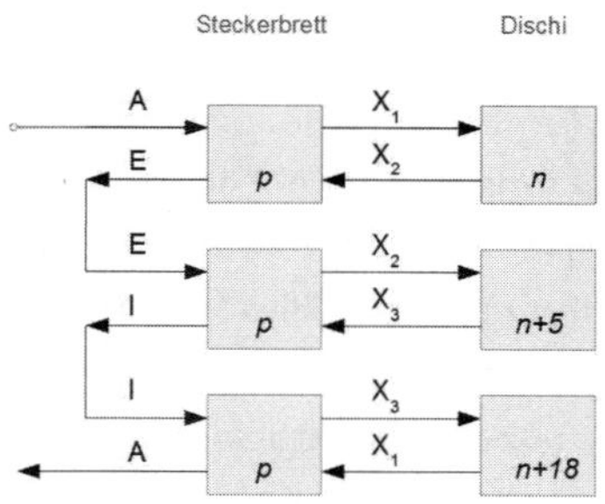

Figura 3.8 – Il ciclo chiuso di Turing.

Turing allora prende in considerazione 3 macchine Enigma complete, una per ciascuna trasformazione (si faccia riferimento allo schema a blocchi generico di Figura 3.6):

La prima macchina trasforma A in E, e si trova in una configurazione incognita (p, n), dove p è la configurazione dello Steckerbrett e n quella dei dischi.

La seconda macchina trasforma E in I, cosa che avviene dopo 5 lettere: la configurazione dello Steckerbrett è fissa, mentre i dischi hanno fatto ulteriori 5 scatti; la sua configurazione incognita pertanto è (p, $n+5$).

La terza macchina trasforma I in A, e con un ragionamento analogo si vede che la sua configurazione incognita è (p, $n+18$).

Nel passo successivo, Turing immagina di collegare tra loro le tre macchine, a formare il ciclo chiuso come in Figura 3.8. Chiamiamo X_1, X_2, X_3 le lettere incognite a destra degli Steckerbrett.

È facile convincersi, semplicemente osservando lo schema, che in realtà le operazioni eseguite dagli Steckerbrett in questo particolare sistema interconnesso a ciclo chiuso *si cancellano a vicenda*. Osserviamo infatti che:

- X_2 viene trasformata in E e poi di nuovo in X_2;
- X_3 viene trasformata in I e poi di nuovo in X_3;
- X_1 viene trasformata in A e poi di nuovo in X_1.

E questo *qualunque siano* le lettere X_1, X_2, X_3, e quindi *qualunque* sia la configurazione *p* dello Steckerbrett.

Risulta pertanto ininfluente entrare e uscire dagli Steckerbrett dato che riotteniamo le stesse lettere. Di conseguenza è possibile semplicemente eliminare gli Steckerbrett ottenendo la connessione *equivalente* mostrata in Figura 3.9.

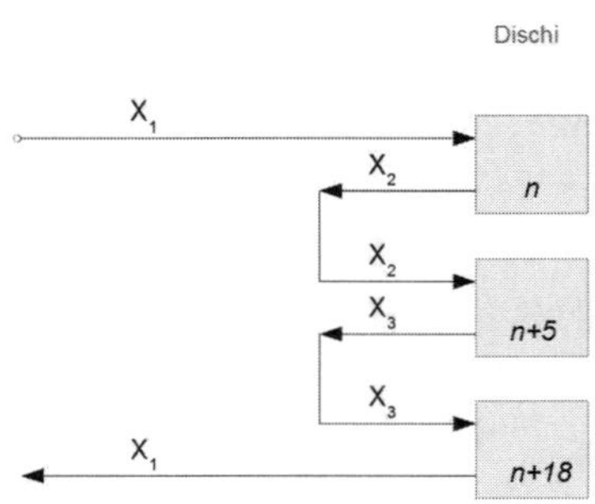

Figura 3.9 – Lo Steckerbrett è stato neutralizzato.

Turing predispone questa connessione sulla Bomba. Le lettere X_1, X_2, X_3 sono incognite ma ora possono essere de-

terminate visto che lo Steckerbrett non compare più. Come ingresso X_1 in alto vengono provate in sequenza tutte le lettere dell'alfabeto, e per ognuna di esse tutti i valori di *n* esattamente con la procedura già vista prima.
La Bomba raggiunge uno stop esattamente quando la lettera in uscita dalla catena è la stessa della lettera in ingresso. In tal caso, Turing legge il valore che allo stop hanno le lettere X_1, X_2, X_3, e siano nel caso specifico per esempio R, G, B: esse rappresentano le lettere che lo Steckerbrett trasforma, nell'ordine, in A, E, I (e viceversa).
Tre trasformazioni dello Steckerbrett sono state scoperte; con altri cicli chiusi nello stesso o in altri crib è possibile scoprire le eventuali rimanenti.

A riprova dell'importanza che Bletchley Park aveva per le sorti della guerra, Winston Churchill visitò la tenuta il 6 settembre 1941. Poche settimane dopo, Turing, Alexander, Milner-Barry e Welchman indirizzarono direttamente a lui una lettera in cui chiedevano più personale per operare le macchine. E il Primo Ministro fece fornire immediatamente le risorse richieste.

Grazie al frenetico lavoro della Hut 8 i messaggi degli U-Boot, sebbene con notevoli alti e bassi, venivano letti in chiaro, tradotti in inglese e subito passati in alto loco. La Gran Bretagna poteva finalmente respirare.

Churchill e l'Ammiragliato, nell'attaccare gli U-Boot o nel deviare i convogli alleati, presero svariate precauzioni per non svelare ai tedeschi che spesso i piani e la posizione dei sottomarini non erano un segreto per loro.

Dönitz però si insospettì comunque e, sebbene i servizi segreti continuassero a rassicurarlo che Enigma era indecifrabile, decise di modificare la macchina. Il 1° febbraio 1942 la Kriegsmarine passò a una versione di Enigma ancora più perfezionata denominata M4, la quale anziché 3 dischi di cifratura ne usava 4 da scegliere nella dotazione di 8.

Peccato che Turing, ovviamente, non ebbe difficoltà neanche con la nuova versione.

Nel novembre del 1942 Alan Turing lasciò la direzione della Hut 8 a Hugh Alexander e si recò di nuovo negli Stati Uniti, questa volta per conferire con i criptoanalisti americani e scambiare reciprocamente informazioni. Al suo ritorno nel marzo 1943, e fino alla conclusione della guerra, Turing servì ancora Bletchley Park in qualità di massimo esperto, trovò nuovi metodi di decifrazione e costruì altre macchine; una di queste era Delilah, una macchina per cifrare e decifrare il parlato nelle conversazioni telefoniche.

Ma ormai stava per proiettarsi verso una nuova impresa.

Capitolo 4

LA MACCHINA SI EVOLVE

Turing a Londra: computer

Su un edificio del sobborgo di Hampton, a Londra, c'è una targa a ricordare che Alan Turing ha vissuto lì dal 1945 al 1947. Hampton fa parte del distretto londinese di Richmond, a sud-ovest della City, insieme al vicino Teddington dove ha sede il National Physical Laboratory. Come il NIST negli Stati Uniti, il PTB in Germania e l'INRIM in Italia, l'NPL è un istituto di ricerca metrologica che, tra le altre cose, mantiene i campioni primari nazionali delle unità di misura.

Esattamente alla fine della guerra, il neo-nominato Sovrintendente della Divisione di Matematica dell'NPL, John Womersley, grande ammiratore di Babbage, andò a Bletchley Park con una proposta per Turing: realizzare un computer presso l'NPL. Womersley si era rivolto all'uomo giusto.

Sappiamo infatti che Turing voleva capire come e quanto la macchina può imitare la mente. L'evoluzione di questo pensiero si articola in alcuni precisi passaggi.

Innanzitutto, come abbiamo visto, Turing formalizza la maniera di procedere del ragionamento umano mediante una macchina astratta. Questa diviene quindi una macchina universale in grado di eseguire qualunque algoritmo, che le può essere fornito dall'esterno.

A questo punto la macchina universale di Turing diventa il modello concettuale per una macchina fisicamente realizzabile, una macchina di calcolo *general purpose*, programmabile per mezzo di un programma memorizzato.

E Turing a Bletchley Park fa in effetti personalmente l'esperienza della realizzazione fisica di macchine, come la Bomba, sebbene pensate per svolgere solo determinati compiti, e ancora di tipo elettromeccanico.

Il naturale passo successivo non poteva che essere la progettazione e realizzazione di una tale macchina programmabile. Ma questo fu reso possibile solo grazie alla disponibilità di una nuova tecnologia: l'elettronica, a cui Turing durante la guerra si era interessato e di cui aveva visto l'applicazione pratica. Un computer elettronico è l'impresa di Turing a Londra.

Solo grazie a un hardware sufficientemente potente, flessibile e veloce si potrà poi passare al livello superiore, per concentrarsi sul software. Sono gli algoritmi infatti, implementati in programmi per il computer, quelli che riproducono i procedimenti mentali.

A Londra Turing rimase solo circa due anni, e quando se ne andò si dedicò all'imitazione dell'intelligenza.

L'avvento dell'elettronica

Etimologicamente il termine "elettronica", introdotto intorno al 1940, significa riguardante gli elettroni. Ma se pensiamo agli elettroni quali responsabili del fenomeno della conduzione elettrica, nella tecnologia l'utilizzo delle proprietà dei fenomeni elettrici, o più correttamente elettromagnetici, era naturalmente già noto. Un apparato, come un motore, che si basa su queste proprietà viene caratterizzato semplicemente mediante l'attributo "elettrico", mentre la corrispondente tecnologia prende il nome di "elettrotecnica".

Che cos'ha allora di nuovo e di diverso l'elettronica, tanto da meritare un nuovo e diverso attributo? I punti sostanziali sono due.

Da una parte, il campo di applicazione, pur restando in un ambito elettrico, è molto diverso. Si tratta di una differenza di prospettiva, potremmo dire. L'elettrotecnica è la tecnologia dei fenomeni elettromagnetici come portatori di energia: le centrali, le linee di trasmissione ad alta tensione, l'illuminazione, le stufe, le macchine come motori, generatori, trasformatori rientrano in questo campo. L'elettronica, invece, è la tecnologia dei fenomeni elettromagnetici come portatori di informazione: le telecomunicazioni, l'automazione, la sensoristica e la strumentazione, il trattamento di suoni e immagini, e naturalmente l'hardware dei computer sono i grandi settori di questo campo.

Tuttavia, come sappiamo, anche prima dell'avvento dell'elettronica veniva realizzata una qualche forma di elaborazione di informazioni: mediante apparati meccanici (come le macchine di Babbage o le vecchie macchine per scrivere) composti da parti mobili, o elettromeccanici (come Enigma e Bomba o il telegrafo e la telescrivente) in cui ci sono parti mobili che vengono azionate elettricamente o che viceversa producono segnali elettrici.

Dall'altra parte, la caratterizzazione dell'elettronica si basa sul fatto che impiega dispositivi il cui principio di funzionamento è fondamentalmente diverso rispetto alla normale conduzione elettrica nei metalli, ed è tale da permettere di controllare una grandezza elettrica mediante un'altra, separata. Siffatti dispositivi erano ai tempi di Turing i tubi a vuoto, chiamati anche *valvole termoioniche* o semplicemente valvole, in cui gli elettroni viaggiano nel vuoto o in un gas; proprio da ciò ha avuto origine il termine "elettronica". I tubi a vuoto sono stati poi soppiantati dai dispositivi a semiconduttore, nei quali pure il meccanismo della conduzione elettrica è peculiare, e di cui torneremo a parlare; ma il principio di base, che caratterizza l'elettronica, rimane lo stesso.

L'elettronica ha cominciato a staccarsi come disciplina autonoma in conseguenza dell'invenzione, a fine Ottocento, del primo sistema di telecomunicazione propriamente detto: la radio. Nella tecnica della radio le informazioni (ciò che viene detto al microfono) vengono codificate in forma di segnale elettrico, il quale deve essere sottoposto a elaborazioni quali amplificazione, filtraggio, modulazione, per poi essere trasmesso sotto forma di onda elettromagnetica. Questo tipo di elaborazione viene detta "analogica", in quanto le informazioni e quindi i segnali su cui agisce variano in maniera continua in un campo di valori; e anche perché una data grandezza fisica (come la pressione prodotta dalla voce sulla membrana di un microfono) viene trasformata in maniera analoga, ossia proporzionale, in un'altra (come una tensione elettrica).

Per tali elaborazioni occorrevano apparati basati sui tubi a vuoto, in particolare sul *triodo*, la cui invenzione nel 1906 da parte di Lee de Forest può essere considerata la data di nascita dell'elettronica. Il triodo infatti è un dispositivo attivo a tre elettrodi in grado di amplificare un segnale elettrico.

La corrente elettrica tra due elettrodi, chiamati anodo e catodo, del triodo non è una normale corrente di conduzione in un filo, ma è dovuta a un flusso di elettroni nel vuoto tra questi elettrodi. Grazie a ciò, è possibile inserire una griglia, che diventa il terzo elettrodo del dispositivo, in maniera tale che la tensione a essa applicata controlli l'intensità della corrente tra anodo e catodo. In pratica, è come se avessimo una tubatura in cui il flusso dell'acqua viene controllato da quanto viene girato il rubinetto.

La cosa importante è che nel triodo le grandezze fisiche controllata e controllante sono entrambe grandezze elettriche (separate); esse possono essere molto facilmente ricondotte entrambe a tensioni. La tensione di controllo è dunque il segnale di ingresso, quella controllata è il segnale di uscita che risulta amplificato rispetto a quello di ingresso: variando di poco l'apertura del rubinetto ottengo una variazione proporzionale ben maggiore del flusso d'acqua.

Ma ciò che a Turing più interessa è il fatto notevole che il triodo può essere usato anche in un altro modo, e cioè come interruttore controllato. Il rubinetto in questo secondo uso ha solo due possibili posizioni: aperto o chiuso. In conseguenza, il flusso d'acqua c'è o non c'è, non esistono valori intermedi. Sia la grandezza controllante sia quella controllata possono assumere due soli valori discreti: in questo uso il dispositivo è pertanto l'elemento fondamentale dell'elettronica digitale.

Mediante tali interruttori controllati, sebbene apparentemente innocui, è possibile implementare le operazioni logiche che abbiamo visto nel primo capitolo, i numeri in notazione binaria e le operazioni aritmetiche su di essi, e molto di più.

Turing e ACE

Quello che Turing nel 1945 si appresta a progettare all'NPL è dunque una macchina di calcolo elettronica digitale a programma memorizzato, in breve un computer. Womersley, sempre in omaggio a Babbage, ne aveva già pronto il nome: Automatic Computing Engine, o ACE come in seguito tutti finirono per chiamarlo. Una macchina che abbia tutte insieme queste caratteristiche, che sono poi quelle del moderno computer, non era mai stata ideata prima, anche se esistevano già in effetti due macchine di calcolo costruite con tubi a vuoto.

La prima di queste macchine era Colossus, progettata e realizzata per Bletchley Park, in varie versioni, da Tommy Flowers. Colossus venne utilizzato durante la guerra per decifrare un altro e diverso algoritmo crittografico dei nazisti, il cifrario di Lorenz, e ai metodi di decifrazione impiegati dalla macchina di Flowers contribuì anche Turing. Come tutto ciò che riguarda Bletchley Park, Colossus fu mantenuto segreto per parecchi anni.

La seconda era il famoso ENIAC (Electronic Numerical Integrator And Computer) degli americani. Finanziata dall'Esercito USA, la sua realizzazione iniziò nel 1943 presso l'Università della Pennsylvania. Durante la guerra l'esistenza della macchina fu mantenuta segreta, dato che anch'essa era destinata a scopi militari, principalmente il calcolo di tavole balistiche per l'artiglieria. Subito dopo, però, ENIAC fu annunciato pubblicamente e anzi gli fu data una certa risonanza.

Tuttavia, né Colossus né ENIAC avevano la possibilità di usare programmi memorizzati, come previsto dalla macchina universale di Turing, e come in effetti va inteso l'attributo "programmabile". La loro programmabilità consisteva nel fatto che per cambiare le operazioni da eseguire occorreva modificare la configurazione di una serie di interruttori e riposizionare una serie di cavi di collegamento. Un processo, oltretutto, piuttosto lungo e farraginoso.

Turing completò alla fine del 1945 il primo progetto dettagliato di un computer digitale programmabile della storia, basato su tubi a vuoto, e più modestamente lo intitolò *Proposed Electronic Calculator*. La realizzazione pratica del computer andò però piuttosto a rilento. I responsabili dell'NPL non mostrarono lungimiranza e si persero anzi in dubbi e inesplicabili ritardi. Ma intanto altri computer venivano progettati e realizzati, e Manchester pareva avviato a diventare un centro di eccellenza in questo settore. Turing, deluso da come andavano le cose, trascorse dapprima un anno sabbatico a Cambridge, e poi accettò la proposta di Max Newman e nel 1948 si trasferì a Manchester presso il Laboratorio Macchine di Calcolo fondato da Newman stesso e finanziato dalla Royal Society. Solo nel 1950 presso l'NPL divenne operativo un modello pilota di ACE.

La legge di Moore

Ma prima di trasferirci anche noi a Manchester, diamo uno sguardo al futuro. Al futuro rispetto a Turing, s'intende.

La vera rivoluzione elettronica arrivò quando i dispositivi a vuoto furono rimpiazzati da quelli a stato solido, basati sulle proprietà dei semiconduttori. Alcuni elementi e composti, come silicio, germanio e arseniuro di gallio, hanno allo stato solido proprietà elettriche intermedie tra isolanti e conduttori, e per questa ragione vengono detti semiconduttori. Trattando in un certo modo i materiali di questo tipo si riesce a ottenere dei dispositivi che permettono il controllo di una grandezza elettrica mediante un'altra, esattamente come in un tubo a vuoto.

Alla fine del 1947, presso i Bell Laboratories a Murray Hill nel New

Jersey, i fisici John Bardeen, Walter Brattain e William Shockley fecero una della invenzioni che maggiormente hanno influenzato la tecnologia e la società stessa: il *transistor*. Si tratta di un dispositivo attivo a tre elettrodi a stato solido, che in linea di principio funziona in una maniera molto simile al triodo: la corrente tra due elettrodi viene cioè controllata dalla tensione o dalla corrente applicata al terzo elettrodo.

Il transistor può funzionare sia come amplificatore analogico sia come interruttore digitale, e costituisce l'elemento fondamentale di tutta la moderna elettronica. Nella sua veste digitale il transistor è il mattone di base delle formidabili architetture del computer, dalla memoria all'unità centrale di elaborazione. Per la loro invenzione, Brattain, Bardeen e Shockley furono insigniti nel 1956 del Premio Nobel per la Fisica.

Figura 4.1 – Bardeen, Shockley, Brattain (*fonte*: Wikimedia Commons).

Rispetto ai tubi a vuoto, i dispositivi a semiconduttore presentano dei vantaggi pratici considerevoli. Hanno dimensioni di ordini di grandezza più ridotte, sono molto più veloci, consumano decisamente meno energia, e hanno una vita media maggiore. Inoltre, sullo stesso chip di materiale semiconduttore è possibile porre più dispositivi a formare dei circuiti completi che espletano una funzione assegnata o addirittura realizzano un intero sistema complesso: i *circuiti integrati*. L'idea venne per primo a Jack Kilby, che produsse il primo circuito integrato, contenente solo pochi transistor, nel 1958 presso la Texas Instruments. Anche Kilby ricevette, nel 2000, il Premio Nobel per la Fisica. Un esempio di circuito integrato dell'elettronica digitale sono le porte logiche.

■ Le porte logiche

Esistono varie tipologie di transistor. Faremo riferimento qui al transistor MOSFET, uno dei più diffusi nell'elettronica digitale. Usato come interruttore controllato il MOSFET funziona come schematicamente illustrato in Figura 4.2.

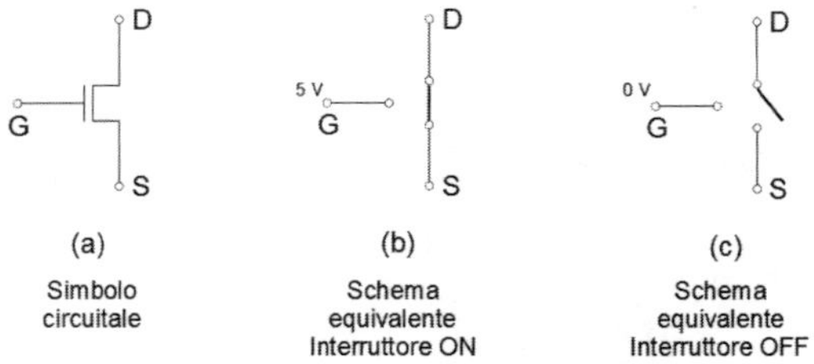

Figura 4.2 – Il transistor MOSFET come interruttore controllato.

In (a) è raffigurato il simbolo circuitale del MOSFET. L'elettrodo di controllo si chiama Gate (G), quello che nel triodo era la griglia; gli altri due elettrodi, corrispondenti a anodo e catodo, sono denominati rispettivamente Drain (D) e Source (S).
La tensione applicata tra G e S controlla la corrente che fluisce tra D e S. Nel funzionamento da interruttore, e supponendo di operare a un livello di tensione di 5 Volt, si ha che:
(b) Applicando tra G e S una tensione di 5 Volt, l'interruttore è chiuso, la corrente può passare da D a S.
(c) Applicando tra G e S una tensione nulla, l'interruttore è aperto, tra G e S non può passare alcuna corrente.

Nel primo capitolo abbiamo visto le operazioni logiche con le loro tavole di verità, e abbiamo visto che le variabili logiche possono assumere solo due valori. Nell'ambito della logica matematica li abbiamo chiamati "vero" e "falso", in elettronica digitale è più comune denominarli "1" e "0".
In elettronica digitale è possibile realizzare le medesime operazioni logiche a patto di stabilire, per esempio, che a "1" corrisponde una tensione di 5 Volt (interruttore chiuso) e a "0" una tensione di 0 Volt (interruttore aperto). I corrispondenti circuiti vengono denominati *porte logiche*.
Come siano possibili le operazioni logiche si capisce guardando le configurazioni di principio della Figura 4.3:

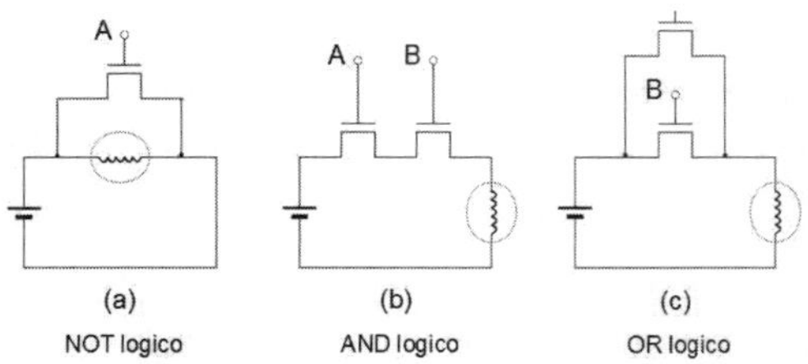

Figura 4.3 – Operazioni logiche con transistor MOSFET.

(a) Quando l'interruttore è chiuso non passa corrente nella lampadina, viceversa quando l'interruttore è aperto la corrente nella lampadina passa: si tratta di un NOT logico.
(b) Solo quando *entrambi* gli interruttori sono chiusi passa corrente nella lampadina: si tratta di un AND logico.
(c) Se *almeno uno* degli interruttori è chiuso passa corrente nella lampadina: si tratta di un OR logico.

Quella dei circuiti integrati a semiconduttore è una tecnologia di punta; coinvolge la fisica dello stato solido, la chimica, la scienza dei materiali, e si avvale di tecniche avanzate come la fotolitografia.

I progressi in queste scienze e i raffinamenti di queste tecniche hanno permesso di arrivare a sempre maggiori livelli di integrazione: il numero di transistor che si riesce a mettere in una assegnata area di materiale semiconduttore è aumentato vertiginosamente dagli anni Sessanta del secolo scorso a oggi. Assieme, naturalmente, a sempre migliori dispositivi e architetture, ciò ha comportato una parallela caduta vertiginosa dei costi a parità di prestazione.

Nel 1965 Gordon Moore, allora alla Fairchild e in seguito co-fondatore della Intel, predisse in un famoso articolo sulla rivista Electronics che il numero di componenti per circuito integrato sarebbe raddoppiato ogni due anni, enunciando così quella che va sotto il nome di legge di Moore.

Il tasso di crescita previsto dalla legge di Moore si è mantenuto inalterato per un periodo di tempo ben più lungo dei dieci anni inizialmente ipotizzati da Moore, giungendo addirittura fino ai nostri giorni. Solo ora sembra che ci sia un rallentamento, indizio probabile del prossimo raggiungimento di una saturazione. Cosa inevitabile perché a un certo punto si arriverà a un limite fisico per quanto riguarda le dimensioni.

A ogni modo, gli odierni circuiti integrati arrivano a contenere un numero di transistor dell'ordine di 10 miliardi, e hanno dimensioni dell'ordine di pochi centimetri compreso il contenitore. Per confronto, il computer Baby di Manchester del 1949, che conosceremo nel prossimo capitolo, aveva 550 tubi a vuoto, una dimensione di circa 5×2 metri e pesava una tonnellata; per non parlare del consumo e del costo.

L'effetto Edipo

La cosa interessante è che dopo la pubblicazione dell'articolo di Moore le grandi industrie di semiconduttori si posero il raddoppio biennale come obbiettivo e investirono grandi risorse per raggiungerlo. Perciò la legge di Moore può essere annoverata tra le profezie che si autoavverano, esattamente come quelle che compaiono tra i miti dell'antichità classica.

Uno dei più noti è sicuramente il mito di Edipo. Figlio di Giocasta e del Re di Tebe Laio, Edipo appena nato viene abbandonato perché l'oracolo di Delfi aveva profetizzato a Laio che il figlio avrebbe ucciso il padre e sposato la madre. Il bambino viene adottato dal Re di Corinto, e la nefasta profezia a causa dell'abbandono finisce per avverarsi.

Per questa ragione il filosofo Karl Popper coniò l'espressione "effetto Edipo" per riferirsi al meccanismo (psicologico, sociologico, economico) in cui un oracolo, per così dire, influenza un comportamento e questo conduce proprio alla realizzazione di ciò che è stato profetizzato.

Ma poi ci sono anche le profezie che non si avverano affatto, quelle sbagliate. E se l'incredibile sviluppo dell'hardware poté essere previsto in termini numerici, tanti altri aspetti della parabola ascendente del computer non sfiorarono neanche la mente di profeti professionisti o improvvisati.

Ricordo che ancora a fine anni Settanta la direttrice del centro di calcolo dell'Università dove studiavo soleva affermare che "presto il potere sarà nelle mani dei centri di calcolo", in quanto unici fornitori di quei servizi di elaborazione dati da cui ormai ogni organizzazione e istituzione era dipendente in maniera vitale.

Nessuno allora poteva immaginare che il computer avrebbe potuto diventare un oggetto quotidiano personale alla portata di tutti e nelle case, o addirittura nelle tasche, di tutti. Eppure questa ulteriore rivoluzione fu anche una delle conseguenze del rapido aumento di componenti per chip previsto (o causato?) da Moore: a partire dagli anni Settanta fu possibile mettere su un unico circuito integrato un'intera unità centrale di elaborazione (CPU), ossia il cuore, o se vogliamo il cervello, di un computer. Era nato il *microprocessore*; la qual cosa, dati i bassi costi, permise a sua volta la nascita del *personal computer* (PC).

Ovviamente il microprocessore, in quanto circuito integrato, continuò a seguire la legge di Moore pervenendo a sempre più mirabolanti capacità di elaborazione e velocità, e a prezzi sempre più accessibili. Il microprocessore del laptop su cui sto scrivendo ha qualcosa come un miliardo, un miliardo e mezzo di transistor e lavora a 2,4 GHz, una velocità impensabile anche solo dieci anni fa.

E naturalmente nessun profeta poteva divinare un futuro in cui tutti questi computer sarebbero stati interconnessi tra di loro nella Grande Rete che è Internet, nessuno poteva sognarsi che le conoscenze sarebbero state messe a disposizione e utilizzate in maniera distribuita, e non accentrata in enormi macchine assise nei potenti santuari dell'informatica e accudite da sacerdoti in camice bianco.

Nel bellissimo racconto di Isaac Asimov *L'ultima domanda* (*The Last Question*,1956), un uomo pone nell'anno 2061 al Grande Computer AC, depositario di ogni sapere, una domanda fondamentale: può essere invertito l'aumento dell'entropia, scongiurando così l'inevitabile morte termica finale dell'intero Universo? AC risponde di non avere ancora dati sufficienti.

La scena si ripete altre volte, dopo secoli, millenni, miliardi e trilioni di anni. AC è ogni volta sempre più grande, immateriale, pervasivo e onnisciente, e anche l'uomo si espande nell'Universo e si evolve fino a diventare mentalmente un'unica Umanità.

Ma la risposta ogni volta è: "Non ho ancora dati sufficienti", persino quando la Suprema Macchina si fonde con il Supremo Uomo.

Finché dopo un intervallo senza tempo, in un Universo ormai morto, AC rimane come unica eterea entità, esistente al solo scopo di porsi la domanda; ma ormai ha raccolto tutti i dati e li ha elaborati. AC si pone la domanda, e stavolta ha la risposta.

"La luce sia" disse AC. E la luce fu.

Capitolo 5

LA MACCHINA HA UNA MENTE?

Turing a Manchester: intelligenza artificiale

È ad Alan Turing che risale l'essenziale distinzione tra hardware e software di una macchina.

Certamente i due aspetti sono complementari ma inscindibili: gli incredibili circuiti digitali con miliardi di transistor concentrati su una piccola superficie a nulla servirebbero senza i programmi altamente complessi che su di essi girano, e viceversa. La macchina è tale solo come unione dei due livelli; e d'altra parte la macchina può raggiungere obbiettivi altrimenti inimmaginabili proprio perché strutturata su questi due livelli così profondamente diversi tra loro.

È innegabile tuttavia che l'immateriale software viene ad assumere una sorta di ruolo predominante, persino di fascino, rispetto al materiale hardware. È nel software che evidentemente risiede l'intelligenza della macchina, quel soffio vitale che anima l'altrimenti inerte materia. Il richiamo a un altro dualismo, quello tra mente e cervello, sorge spontaneo.

L'era del software ha una precisa data di inizio: il 21 giugno 1948, a Manchester, per la prima volta l'hardware di un computer digitale eseguì un programma memorizzato. La prima realizzazione fisica del concetto introdotto dalla macchina universale di Turing.

Il computer, a cui era stato dato il nome Small-Scale Experimental Machine (SSEM) sebbene tutti lo chiamassero Baby, era stato costruito presso il Laboratorio Macchine di Calcolo di Newman da Freddie Williams e Tom Kilburn. Come memoria e anche come dispositivo di ingresso e uscita per dati e programmi, Baby usava una sorta di tubo a raggi catodici.

Il programma si componeva di sole 17 istruzioni e serviva per trovare il più grande fattore di un certo numero.

Un piccolo passo per Baby, ma un grande balzo per la *computer science*, ormai avviata verso le straordinarie prestazioni odierne di macchine che risolvono ramificati problemi, gestiscono complesse attività decisionali e di pianificazione, persino giocano a scacchi.

Ma in realtà, si chiese Turing, quanto può essere intelligente una macchina? Ovvero: quali caratteristiche deve avere il suo comportamento, definito tramite un algoritmo e quindi tramite le istruzioni di un programma, in modo che essa riproduca il comportamento intelligente umano in un'assegnata attività?

Questa domanda è l'embrione del campo di ricerca che va sotto il nome di *intelligenza artificiale* o AI, dall'inglese Artificial Intelligence, sebbene questo termine sia stato coniato più tardi, nel 1955 da John McCarthy, creatore tra l'altro del linguaggio di programmazione Lisp specificamente pensato per applicazioni di AI. McCarthy definì l'intelligenza artificiale come "la scienza e l'ingegneria del rendere le macchine intelligenti".

Turing aveva cominciato a pensare alle macchine intelligenti già quando aveva ideato la macchina Bomba a Bletchley Park. La Bomba certo non era programmabile, eseguiva soltanto dei compiti fissi, ma la maniera in cui egli la usava come aiuto nella decifrazione di Enigma gli diede spunti interessanti.

L'approccio che si può seguire per cercare di risolvere un dato problema mediante una macchina è questo:

- Si considera l'insieme, o come si dice lo spazio, di tutte le possibili soluzioni del problema.

- Almeno un algoritmo per trovare la soluzione del problema esiste sempre, ed è quello detto *esaustivo* o *a forza bruta*, che consiste nel provare tutte le soluzioni una dopo l'altra. Per problemi non banali, però, è spesso non applicabile in pratica, perché il numero delle possibili soluzioni è troppo grande o addirittura infinito. D'altronde, un algoritmo diverso da quello esaustivo che risolva il problema in maniera esatta e in un numero finito e ragionevole di passi in molti casi pure non esiste.
- L'attività "meccanica" di provare le soluzioni una dopo l'altra ha però possibilità di successo se esistono delle regole intelligenti che guidino nell'eliminare a priori determinate categorie di soluzioni, in sostanza quello che viene chiamato metodo *euristico* (dal verbo greco che significa scoprire).

Nel caso della criptoanalisi, Turing in effetti applicava proprio questa euristica, o ricerca guidata, sulle configurazioni di Enigma. Negli scacchi può essere usata una procedura molto simile: per trovare la mossa migliore il giocatore riduce in maniera intelligente lo spazio di tutte le possibili configurazioni dei pezzi sulla scacchiera a un certo numero che può esplorare e calcolare meccanicamente.

Il prezzo per usare un metodo euristico è naturalmente il dover accettare l'errore. Se si potessero analizzare tutte le configurazioni (in un lasso di tempo umano), non ci sarebbe possibilità di errore: quella giusta si trova con certezza. Se viceversa si scartano determinate categorie di configurazione in base a supposizioni generali, la soluzione diventa possibile, ma l'errore anche.

Precisamente all'intelligenza artificiale Turing aveva dedicato il suo anno sabbatico a Cambridge, e nell'estate del 1948, prima di trasferirsi a Manchester, presentò all'NPL il risultato dei suoi dodici mesi di ricerche in un rapporto dal titolo *Macchine intelligenti* (*Intelligent Machinery*). Il direttore dell'NPL, Charles G. Darwin (nipote del più noto Charles R. Darwin) non ebbe però l'intelligenza di apprezzarlo, e ciò segnò un altro punto a favore di Manchester. In realtà Turing, come ormai siamo abituati, in quel documento si dimostrò un brillante precursore del campo, anticipando importanti metodi e algoritmi della moderna AI. Innanzitutto, Turing prospettò già la possibilità di una macchina in grado di imparare, un aspetto fondamentale della ricerca AI.

I sistemi ad auto-apprendimento sono basati su algoritmi che anziché agire sulla base di istruzioni fisse sono in grado di "osservare" l'ambiente in cui operano, riconoscerne gli schemi (*pattern recognition*) ed estrarne dei dati da utilizzare poi per modificare di conseguenza il proprio programma e quindi il proprio comportamento.

Queste tecniche, oggi considerate la via giusta per raggiungere livelli di intelligenza paragonabili a quella umana, sono alla base per esempio della guida automatica di veicoli, dei motori di ricerca su Internet, o del riconoscimento vocale.

E questo ha un senso, tant'è che l'intelligenza (umana), secondo alcune definizioni che sono state proposte, comprende la capacità di ragionare in astratto e risolvere problemi, ma anche la capacità di affrontare situazioni completamente nuove e di apprendere dall'esperienza.

L'approccio AI classico per riprodurre tutto ciò in una macchina si basa evidentemente su un modello di tipo computazionale. Per quanto complesso, dotato di regole di selezione intelligenti e persino di capacità di auto-apprendimento sia, si tratta pur sempre della codifica di un algoritmo in un programma che viene eseguito su un computer digitale.

Esiste un approccio alternativo, ed è quello del connettivismo, del quale pure Turing fu pioniere in *Macchine intelligenti*.

Il connettivismo si propone di riprodurre le facoltà dell'intelligenza umana mediante un modello che, pur rimanendo algoritmico, in qualche modo imita la maniera in cui è strutturato il cervello: la *rete neuronale*. Una tale rete è formata da un grande numero di unità di elaborazione elementari, connesse tra loro secondo un certo schema e in maniera tale che ogni connessione abbia un suo peso, adattabile dal sistema stesso. È mediante queste interconnessioni adattabili che vengono implementate le funzionalità della rete neuronale. Il modello prende dichiaratamente spunto dai neuroni cerebrali e dalle sinapsi che li collegano, e si dimostra particolarmente adatto a meccanismi di auto-apprendimento.

Il meccanismo mediante il quale una macchina può imparare, proposto da Turing nel rapporto sul suo anno sabbatico a Cambridge, si basa appunto su un modello di rete neuronale.

Nel settembre 1948 Alan Turing venne nominato Vicedirettore del Laboratorio Macchine di Calcolo di Manchester, dove era appena iniziata la realizzazione del successore di Baby, il computer Manchester Mark 1. Turing ideò un sistema di input e output per dati e programmi su schede perforate, un metodo che sarebbe diventato lo standard per i computer destinato a durare fino alla fine degli anni Settanta.

Figura 5.1 – Il computer Manchester Mark 1 del 1949 (*fonte*: Wikipedia).

I programmi venivano forniti al Mark 1 direttamente in forma binaria, non c'era ancora un linguaggio assembler, tanto meno un linguaggio di programmazione di alto livello, né un sistema operativo. Per il Mark 1, in funzione a partire dalla primavera 1949, Turing realizzò una versione ottimizzata di un programma per il calcolo dei primi di Mersenne scritto da Max Newman. I primi di Mersenne sono numeri primi della forma 2^n-1, dove *n* è un numero intero.

La stampa inglese diede molta risonanza al Manchester Mark 1, questo oggetto delle meraviglie, usando le parole *electronic brain*. Qualche lettore ricorderà forse che anche in italiano una volta si diceva cervello elettronico.

Ciò provocò la decisa reazione del neurologo e neurochirurgo Sir Geoffrey Jefferson, Professore all'Università di Manchester, riportata dal Times:

> Solo quando una macchina scriverà un sonetto o comporrà un concerto per via dei pensieri e delle emozioni che prova, e non per casuale allineamento di simboli – cioè, non solo lo scrive ma sa che lo ha scritto – potremo essere d'accordo che "macchina uguale cervello".
> Nessuna macchina potrebbe provare piacere per i propri successi, dispiacere quando le sue valvole si fondono, essere animata dai complimenti, avvilita dai propri errori, ammaliata dal sesso, furibonda o triste quando non può ottenere ciò che vuole.

Sempre sul Times, Alan Turing gli rispose in maniera altrettanto decisa:

> Questo è solo un assaggio di ciò che verrà, e solo l'ombra di ciò che sarà. Dobbiamo fare esperienza con la macchina prima di poter realmente conoscere le sue possibilità. Ci possono volere anni per prendere familiarità con queste nuove possibilità, ma non vedo perché la macchina non possa introdursi in un qualunque campo normalmente affrontato dall'intelletto umano e infine competere alla pari.

Il test di Turing

"Propongo di prendere in considerazione la domanda: le macchine possono pensare?" Con queste parole si apre l'articolo di Alan Turing *Macchine di calcolo e intelligenza* (*Computing Machinery and Intelligence*), pubblicato sulla rivista Mind nell'ottobre 1950.

Turing sa che non è semplice chiarire cosa si intende affermando che una macchina pensa. Egli rinuncia pertanto esplicitamente a definire i termini "macchina" e "pensare" in questo contesto.

Ciò che Turing propone quindi è di verificare mediante una sorta di gioco se una macchina è in grado di mostrare un comportamento intelligente, tanto da non poter essere distinta da un uomo, nelle circostanze assegnate. La domanda iniziale viene quindi sostituita con un'altra e il giudizio si sposta sulla prestazione della macchina.

Il test a cui la macchina a tal fine viene sottoposta è universalmente noto come test di Turing, ma il suo inventore lo denominò *il gioco dell'imitazione* (*The Imitation Game*), che è appunto il titolo del primo paragrafo dell'articolo del 1950.

Il test, o gioco che dir si voglia, si svolge nel modo seguente.

I partecipanti sono tre: un Giudice (umano), un Umano e un Computer, posti in locali separati. Il Giudice dialoga solo mediante messaggi testuali con gli altri due personaggi, che chiama A e B poiché non sa quale di loro è l'Umano e qual è il Computer.

Questo è esattamente ciò che il Giudice per mezzo del suo "interrogatorio" deve scoprire.

Regole fondamentali del gioco sono poi che:

- al Computer è permesso qualsiasi comportamento che eviti di tradirlo (potrebbe per esempio sbagliare o ritardare di proposito nell'eseguire una difficile moltiplicazione che gli è stata sottoposta dal Giudice);
- l'Umano, viceversa, è collaborativo, ossia si comporta in modo da cercare il più possibile di aiutare il Giudice.

Turing stabilisce poi che la conversazione deve avere la durata massima di 5 minuti. Se dopo questo tempo il Computer è riuscito a dissimulare talmente bene che il Giudice non ha la più pallida idea di chi siano A e B, allora il Giudice può solo andare a caso e di conseguenza ci azzecca solo nel 50% dei casi, come con il lancio di una monetina. Se il Computer viene individuato con un una frequenza maggiore, ma fino al 70%, per Turing ancora possiamo dire che il Computer si comporta in maniera indistinguibile dall'Umano e quindi supera il test. Solo se il Giudice lo individua correttamente in più del 70% dei casi il Computer ha fallito il test.

Detto in un altro modo: se ci sono tre Giudici che ripetono il test in sequenza, il Computer supera il test se almeno uno di loro sbaglia nell'identificarlo.

Nel 60° anniversario della morte di Alan Turing, il 7 giugno 2014, un programma per computer è riuscito a superare per la prima volta il test di Turing, presso la Royal Society a Londra. Il programma, chiamato *Eugene Goostman*, è stato sviluppato da un trio di programmatori russi per simulare il comportamento in chat di un tredicenne di origine ucraina. L'organizzatore dell'evento, Kevin Warwick, ha fatto avere una grossa risonanza mediatica a questo risultato.

Tuttavia bisogna valutare quale portata questo risultato realmente ha. Innanzitutto, certamente non se ne può trarre la conclusione che il computer pensa, come da alcuni giornalisti è stato affermato. Lo stesso Turing aveva precisato bene cosa intendesse ottenere con il suo gioco dell'imitazione.

Ciò che possiamo dire è che il computer, o per l'esattezza un programma per computer della tipologia nota come chatbot, riesce a simulare un comportamento umano in una conversazione testuale. La qual cosa evidentemente vuol dire esattamente questo: il programma riproduce una ben specifica capacità intellettiva umana, cosa che peraltro era già avvenuta e avviene in altri campi.

È chiaro del resto che la stessa idea di intelligenza artificiale ha questo limite preciso, ben conosciuto dagli addetti ai lavori: l'intelligenza che la macchina mostra è un'intelligenza specifica, che compete alla pari con quella umana in un compito complesso quanto si vuole ma molto delimitato, si tratti di conversare in chat, giocare a scacchi, dimostrare teoremi all'interno di un sistema formale o decifrare messaggi cifrati. E questo rimane vero anche quando il programma ha la capacità di imparare.

L'intelligenza umana è invece generale, e non solo in quanto spazia con flessibilità su ogni campo, ma anche perché è in grado di creare qualcosa di nuovo. Essa non risponde semplicemente, bensì pone nuove domande; non è solo analisi, ma è anche sintesi. Grazie a questo l'umanità è potuta penetrare nelle leggi della natura, ha potuto sviluppare una scienza e applicarla in una tecnologia. Fermo restando che, naturalmente, la mente umana possiede soprattutto coscienza di sé e libero arbitrio.

Su questo punto l'opinione del Professor Jefferson era e rimane valida. E un'intelligenza artificiale generale in questo senso, almeno al momento, non esiste.

Le manifestazioni specifiche di intelligenza artificiale sono realizzate da algoritmi separati. Se un programma può simulare un tredicenne in chat, ciò non vuol dire necessariamente che un (altro) programma possa simulare un Grande Maestro nel gioco degli scacchi, e viceversa. Naturalmente si può benissimo mettere insieme su una stessa macchina tutti i programmi specifici disponibili, dotandoli in aggiunta di interscambio reciproco: ma ancora non si otterrebbe un'intelligenza generale come quella umana.

Non va perso di vista inoltre il fatto fondamentale, scoperto come abbiamo visto da Gödel e dallo stesso Turing, che ci sono sicuramente delle cose che una macchina, finché è algoritmica, non può fare. Nella definizione originaria di Turing, macchina e algoritmo sono la stessa cosa; si potrebbe ovviamente pensare di generalizzare e capire che cosa si intende con il concetto di macchina.

A ogni modo, perché limitare il test all'attività di chat? Si potrebbe benissimo (e talvolta lo si fa) chiamare test di Turing una prova tesa a dimostrare il raggiungimento di un livello intellettuale umano in una qualunque altra circostanza specifica, non necessariamente nel gioco dell'imitazione. In questo senso, per esempio, un programma che gioca a scacchi al livello di un Grande Maestro umano supera il test di Turing in questa disciplina.

Il filosofo John Searle propose nel 1980 un esperimento mentale divenuto celebre: quello della stanza cinese.

In una stanza siede una persona umana, l'operatore, che ha a disposizione un libro. Da una finestrella viene passato all'operatore un foglio con caratteri in cinese. L'operatore, che non è cinese e non conosce affatto la lingua cinese, consulta il libro e vi trova quali simboli cinesi scrivere in risposta a quelli sul foglio in ingresso. Egli compila così un foglio in uscita con una risposta valida dal punto di vista formale, nel senso che è scritta in cinese corretto, e lo manda fuori attraverso una seconda finestrella.

Sostituiamo ora l'operatore umano con una macchina che fa esattamente la stessa cosa. Per il cinese (umano) che da fuori inserisce il foglio in ingresso e riceve il foglio in uscita non è cambiato nulla: egli sta dialogando in cinese con la stanza, la quale dunque parla cinese.

Ma all'interno l'operatore, essendo umano, sa perfettamente di non parlare affatto cinese, di eseguire delle operazioni senza capire cosa sta facendo. Ciò dimostra inequivocabilmente che pure la macchina, che fa la stessa cosa, non capisce cosa sta facendo. In altre parole: una macchina può eseguire, mediante una sequenza di istruzioni, una manipolazione di simboli seguendo correttamente una certa sintassi. Quello che alla macchina manca però è la semantica, il concetto di significato delle stringhe di simboli che manipola.

La traduzione automatica, va detto molto chiaramente, non funziona. I software di traduzione forniscono una prestazione a un livello molto più basso di quello dimostrato in altri campi, e non potrebbero neanche lontanamente superare un test di Turing. Ma limitiamoci a considerare quelle semplicissime frasi che un traduttore automatico riesce a tradurre in maniera soddisfacente, poniamo, dal tedesco all'inglese. L'argomento di Searle ci dice che la macchina fa questo senza capire che cosa significhi quella frase, manipola semplicemente i simboli. Esattamente ciò a cui il formalismo pretendeva, senza riuscirci, di ridurre la matematica.

Un traduttore umano, invece, prima di tutto capisce il significato della frase di partenza, interpretandola in relazione a tutto il contesto testuale e culturale in cui è inserita, e poi la volge nell'altra lingua ricreando lo stesso significato nello stesso contesto. È verosimilmente proprio perché manca di semantica che una macchina non è in grado di tradurre adeguatamente neanche un testo di media complessità.

Verosimilmente, la comprensione non può essere algoritmizzata. E la lingua naturale, che nel livello semantico trova la sua giustificazione ultima, rappresenta una caratteristica irriducibilmente umana.

■ Navajo Code Talkers

Proprio una lingua umana naturale, quella degli indiani Navajos, fu utilizzata durante la Seconda guerra mondiale in luogo di un cifrario crittografico, in una situazione a ruoli invertiti e all'altra estremità del mondo.

Nella guerra nel Pacifico, infatti, i giapponesi riuscivano a decifrare ogni tipo di comunicazione cifrata che gli americani inventassero, facilitati anche dal fatto che molti dei loro criptoanalisti avevano studiato negli Stati Uniti e conoscevano perfettamente la lingua del nemico anche a livello gergale.

Fu così che a Philip Johnston, un ex-militare che aveva partecipato alla Prima guerra mondiale, venne un'idea geniale: quella di utilizzare per le comunicazioni la lingua navajo, che egli conosceva poiché, essendo figlio di missionari, aveva vissuto fin da piccolo tra i Navajos della riserva indiana.

La lingua navajo è considerata tra le più difficili al mondo, ben più del cinese, e pochissime persone non native, tra i già pochi che vi entrano in contatto, sono in grado di comprenderla a sufficienza. Accanto alla complessità fonetica (presenza di toni distintivi, come in cinese, e vasto inventario di consonanti), la lingua presenta infatti una grammatica piuttosto elaborata e con caratteristiche molto diverse da quelle di altre lingue. Il navajo è oggi la lingua madre di circa 170 mila persone, principalmente in Arizona e New Mexico, e non è imparentata con nessun'altra lingua al di fuori del Nord-Ovest dell'America.

Non appena Johnston riuscì a convincere gli alti ufficiali della bontà della sua idea, una trentina di Navajos dall'inglese fluente furono reclutati per provare la fattibilità della cosa; altri furono reclutati in seguito, per un totale di 420 militari bilingue.

Sicuramente il navajo non poteva esser capito da nessun giapponese, ma il problema che si poneva era che la lingua non

ha parole native corrispondenti a svariate parole inglesi, specie termini militari di uso frequente, come "bomba". I marines compilarono allora un elenco di 274 termini tecnici, assegnando a ciascuno una parola inglese di uso comune (per esempio a "bomba" corrispondeva "uovo"), dopodiché il corrispondente termine navajo era semplicemente la traduzione di quest'ultimo. Inoltre, per potere tradurre in Navajo anche altre parole inesistenti in questa lingua e non comprese in quella lista (nomi propri di persone e luoghi, per esempio), fu preparato un codice fonetico per poter far lo *spelling* delle lettere del termine inglese mediante parole navajo (con più alternative, per evitare l'analisi delle frequenze).
I *Navajo Code Talkers* furono impiegati con grande successo nel Pacifico: l'operatore radio navajo di un'unità militare semplicemente comunicava in chiaro nella sua lingua madre con il suo corrispettivo di un'altra unità, usando inoltre il codice aggiuntivo per i termini intraducibili. Per i giapponesi, il messaggio intercettato risultava così del tutto incomprensibile: nessuna criptoanalisi e nessuna macchina poteva essere di aiuto.

Fin dagli albori dell'umanità, la macchina, intesa come attrezzo, è stata inventa dall'uomo proprio per l'esecuzione di un compito specifico che egli non riesce altrimenti a eseguire altrettanto bene, cioè per superare una sua limitazione. L'impiego di ogni tipo di utensile o di veicolo meccanico, tutta la tecnologia, ha permesso all'uomo prestazioni che senza questo aiuto non sarebbe stato in grado di ottenere.

La prestazione specifica della macchina, per definizione, più che umana deve essere quindi sovrumana. Un bulldozer può sollevare un peso molto maggiore di quanto possano fare le braccia umane, un'automobile corre molto più velocemente di quanto possano fare le gambe, con la sola voce non si può arrivare dove arriva il telefono.

E quello che un computer odierno fa è calcolare in maniera sovrumanamente precisa e rapida. L'intelligenza che la macchina mostra è quella dell'uomo che la programma e che escogita a tal fine algoritmi e tecniche. Ma certo è vero che l'imitazione di una facoltà della mente ci colpisce di più dell'imitazione di una facoltà del corpo.

John Searle, assieme al suo argomento della stanza cinese, propose la seguente distinzione:

- l'*intelligenza artificiale forte* (strong AI) designa l'ipotesi che una macchina possa pensare e avere una mente con le stesse capacità di quella umana;
- l'*intelligenza artificiale debole* (weak AI) viceversa è l'ipotesi secondo la quale una macchina può al più comportarsi *come se* pensasse quando messa di fronte a compiti specifici.

In questo senso la domanda di Turing, esattamente come formulata all'inizio del suo e di questo paragrafo, chiede se è vera l'ipotesi della strong AI; mentre il test di Turing, tutti i possibili test di Turing, possono solo verificare la correttezza dell'ipotesi della weak AI.

Ciò che è paradossale è allora il fatto che per superare il test di Turing come inteso dal suo ideatore, il computer deve deliberatamente nascondere la sua "sovrumanità"; per cercare di apparire umano, troppo umano, la sua prestazione in campi specifici deve risultare peggiore di quella che potrebbe essere.

Non so se ci sarà un'epoca in cui avremo dati sufficienti per rispondere positivamente alla domanda forte di Turing. Ma certamente un oggetto che pensa esiste già, ed è il cervello umano.

Il complesso di Frankenstein

Il sogno, o l'incubo, di poter creare un essere intelligente attraversa la storia culturale dell'umanità nei miti e nella letteratura.

L'essere d'argilla, ancora inerte, a cui poi Dio instilla il soffio vitale rendendolo uomo, viene chiamato Golem nei Salmi. Nelle leggende ebraiche l'uomo stesso può a sua volta, se viene a conoscenza dei segreti cabalistici, creare un Golem: un gigante di argilla che può essere animato mediante un rituale e posto al proprio servizio. Per animare il Golem occorre scrivergli sulla fronte le lettere di una parola legata al nome di Dio.

Una delle storie su questa inquietante figura è quella del Golem creato dal rabbino di Chełm in Polonia nel XVII secolo al fine di difendere la comunità da aggressioni antisemite. Ma il gigante da buon servitore finisce per diventare una minaccia non più controllabile poiché cresce a dismisura. Alla fine il rabbino riesce a togliergli il soffio vitale cancellandogli la lettera aleph dalla fronte: il Golem si abbatte privo di vita, travolgendo nella caduta lo stesso rabbino.

La creatura si rivolta contro il suo creatore: è questa la *nemesis* che attende l'uomo per l'*hybris* manifestata nell'usurpare la prerogativa divina di creare la vita.

Del resto, sempre implacabile la punizione divina si abbatte sull'uomo quando questi vuole accedere alla conoscenza. Prometeo viene incatenato a una rupe, con un'aquila che gli mangia il fegato, per la colpa di aver donato agli uomini il fuoco (ossia la conoscenza tecnologica) che ha rubato agli dei. Eva e l'intera posteriore umanità vengono condannate per aver scelto, mordendo la mela, di conoscere. Come avvelenati dal frutto del peccato Adamo ed Eva perdono un paradiso in cui non manca loro nulla ma nel quale sono inerti, e in cambio acquisiscono la capacità di comprendere la natura e la facoltà di giudicare.

Puntualmente avviene la ribellione della creatura nel notissimo *Frankenstein*, pubblicato nel 1818 da Mary Shelley. Il giovane Victor Frankenstein del romanzo costruisce un essere senziente questa volta già con mezzi tecnologici, benché si tratti non di un essere meccanico ma di un mostro biologico messo insieme da pezzi di cadaveri e infine animato da scariche elettriche.

Nell'era moderna il tema dell'essere intelligente artificiale non può che essere il tema del computer.

■ HAL 9000

In *2001: Odissea nella spazio*, uscito nel 1968 contemporaneamente come romanzo scritto da Arthur C. Clarke e come film diretto da Stanley Kubrick, l'astronave Discovery One viene governata dal computer senziente HAL 9000, che ha occhi, orecchie e voce sparsi a bordo sotto forma di telecamere, microfoni e altoparlanti.
HAL è dotato di intelligenza artificiale generale, usa la lingua in maniera umana e appare in grado di provare emozioni. E gioca magistralmente a scacchi, come dimostra la partita giocata e brillantemente vinta contro il vice comandante Frank Poole (Stanley Kubrick era lui stesso un appassionato scacchista).
Quando Poole e il comandante Bowman decidono di disattivarlo a causa di un errore che il computer avrebbe commesso, HAL uccide Poole e gli altri tre membri dell'equipaggio posti in animazione sospesa; blocca inoltre Bowman fuori dall'astronave, ma questi riesce a rientrare e finalmente a disattivarlo.
Si può osservare che le lettere HAL si ottengono spostando indietro di una posizione quelle di un marchio che, almeno allora, era quasi sinonimo di computer: IBM. Sembrerebbe quindi che il nome del computer di bordo sia stato pensato camuffando quello della grande azienda americana, anzi per la precisione cifrandolo mediante un cifrario a spostamento di Cesare. Tuttavia Clarke e Kubrick hanno sempre smentito, parlando di una semplice coincidenza: il significato di HAL si limiterebbe quindi a *Heuristically programmed ALgorithmic computer* (computer algoritmico programmato euristicamente).
Un'altra cosa interessante è che all'inizio del film, milioni di anni prima della missione della Discovery One, i primi umanoidi vengono a contatto con un misterioso monolite nero portato sulla Terra da un'intelligenza extraterrestre. In conseguenza di

questa interazione, gli uomini iniziano improvvisamente a costruire e utilizzare degli attrezzi: un'altra versione quindi del soffio vitale o del fuoco. Clarke e Kubrick avevano chiesto il parere dell'astrofisico e cosmologo Carl Sagan circa la migliore maniera di rappresentare un'intelligenza extraterrestre. Ma poiché Sagan trovava inverosimile che degli alieni avessero una qualche somiglianza con gli esseri umani, nel film la loro presenza è solo adombrata.

Nel 1968 i computer erano ancora in uno stadio comparativamente primitivo. Clarke e Kubrick volevano essere molto accurati nel rendere plausibile il computer dell'anno 2001, un futuro ancora lontano, e per questo impiegarono come consulente un altro celebre guru dell'intelligenza artificiale, Marvin Minsky, più noto probabilmente al grande pubblico per il suo libro *La società della mente* (*The Society of Mind*, 1986).

Da notare che Minsky e McCarthy hanno entrambi ottenuto il Ph.D. in matematica a Princeton come Turing, hanno fondato insieme il Laboratorio di Intelligenza Artificiale del MIT, e sono stati entrambi insigniti del Premio Turing, considerato il Nobel dell'Informatica, rispettivamente nel 1969 e nel 1971.

HAL 9000 è il risultato delle previsioni elaborate da Minsky, e rappresenta quindi una testimonianza molto interessante di come all'epoca era visto lo sviluppo possibile dell'intelligenza artificiale, e di ciò che da essa ci si aspettava. Ancora un caso di profezia non avverata, se consideriamo che quindici anni dopo quel fatidico 2001 siamo ben lontani da una macchina con le capacità di HAL 9000, con la sola eccezione degli scacchi.

L'inevitabile passo successivo è quello di dotare la macchina di un aspetto umano. Ma più la macchina senziente è a immagine e somiglianza dell'uomo e più fa paura. Siano essi i più rozzi robot o gli esteticamente ben più perfezionati androidi, questi computer antropomorfi non appena si rendono conto di possedere capacità intellettive e un libero arbitrio si ribellano infatti al loro creatore.

Un complesso di Frankenstein che sta alla base di tutte le distopie alla *Blade Runner* (1982), e che appare inevitabile essendo ciò che fa l'uomo stesso, proprio in quanto tale, quando si ribella a delle condizioni che giudica inaccettabili.

Le tre leggi della robotica e la maledizione di Mida

Da questo vicolo chiuso esce brillantemente Isaac Asimov, docente di biochimica a Boston, uno dei massimi scrittori della letteratura fantascientifica, nonché eccezionale divulgatore scientifico e autore anche di opere storiche e letterarie, e di gialli.

Nei suoi racconti dei robot, Asimov introduce infatti le celeberrime tre leggi della robotica, riprese poi anche da altri autori. In forma completa esse appaiono per la prima volta nel racconto *Girotondo* (*Runaround*, 1942), e sono strutturate in un ordine gerarchico. Eccole come enunciate dal Manuale di Robotica, 56ª edizione, 2058 A.D.:

1. Un robot non può danneggiare un essere umano, né permettere che a causa della propria inazione un essere umano riceva danno.
2. Un robot deve obbedire a qualunque ordine impartitogli dagli esseri umani, a meno che tale ordine sia in conflitto con la prima legge.
3. Un robot deve proteggere la propria esistenza, a meno che tale protezione sia in conflitto con la prima o con la seconda legge.

I robot asimoviani sono costruiti attorno a un cervello positronico, che in qualche modo conferisce loro intelligenza e coscienza. La positronica è un'invenzione letteraria di Asimov, che immagina dei circuiti funzionanti, anziché con gli elettroni, con le antiparticelle di questi ultimi: i positroni.

A proposito di termini: la parola "robot" compare per la prima volta nel dramma fantascientifico *R.U.R.* (1920) dello scrittore ceco Karel Čapek e deriva da una radice comune a tutte le lingue slave (nonché alla base del tedesco *Arbeit*) il cui significato è lavoro; il termine "robotica" invece, oggi estensivamente usato anche nella tecnica, è stato coniato da Asimov e compare per la prima volta nel suo racconto del ciclo dei robot *Bugiardo!* (*Liar!*, 1941).

Poiché all'atto della costruzione ai robot di Asimov sono impresse le tre leggi nei loro cervelli positronici, ogni possibilità di ribellione è esclusa. D'altronde, se vediamo i robot come una forma di utensile, ancorché estremamente sofisticato, le tre leggi appaiono del tutto logiche: qualsiasi utensile o macchina non deve essere pericoloso, deve sempre svolgere a richiesta le sue funzioni, e non deve guastarsi troppo presto. In quest'ordine. E c'è chi sostiene che se un giorno ci saranno realmente macchine senzienti esse dovranno essere governate dalle tre leggi asimoviane.

Figura 5.2 – Isaac Asimov (*fonte*: Wikimedia Commons).

Nei suoi geniali racconti Asimov costruisce dei puzzle logici creando delle situazioni in cui si presenta un'anomalia nel comportamento dei robot, anomalia che viene risolta grazie alla giusta interpretazione delle tre leggi.

Insomma, grazie a una vera e propria "robopsicologia". Un famoso personaggio della prima serie dei racconti è difatti la robopsicologa Susan Calvin.

Col tempo, quello reale e quello fittizio dei racconti, i robot diventano sempre più perfezionati e il loro aspetto è sempre più indistinguibile da quello umano. Diventano cioè quelli che potremmo chiamare androidi.

In *La prova* (*Evidence*, 1946), Stephen Byerley è un integerrimo candidato a sindaco di New York. Talmente integerrimo che si sparge la voce che Byerley sia in realtà un robot; il suo avversario politico Francis Quinn cerca le prove per togliere definitivamente a Byerley ogni possibilità di essere eletto, sfruttando il complesso di Frankenstein presso gli elettori. Per questo vero e proprio test di Turing, Quinn si rivolge a Susan Calvin, la quale tenta invano varie possibilità. Tra le altre cose, poiché sembra che nessuno abbia visto mangiare o dormire Byerley, Susan Calvin gli offre una mela, ma Byerley molto semplicemente l'addenta e la mangia, cosa che in effetti non prova nulla. Certamente, se Byerley è un robot deve obbedire alle tre leggi; tuttavia finché lo fa potrebbe essere semplicemente un buon uomo. Nel frattempo la campagna diffamatoria nei confronti del povero Byerley non si ferma. Avviene infine che a un comizio, davanti alle telecamere, qualcuno si avvicina a Byerley e lo istiga a colpirlo. "Non puoi farlo, perché non sei umano, sei un mostro." Al che Byerley colpisce il suo interlocutore con un pugno, e la sua campagna elettorale si trasforma in un grande successo. Ma Susan Calvin intuisce la verità: un robot può colpire senza problemi qualcuno, se questo è un altro robot. Dopodiché assicura a Byerley che alle prossime elezioni voterà per lui.

Un aneddoto a proposito di intelligenza: Isaac Asimov nella sua autobiografia scrisse che solo due persone al mondo erano più intelligenti di lui. E questi erano Marvin Minsky e Carl Sagan.

Se ci fossero dei robot più intelligenti ancora, non è dato sapere.

Tutto risolto, quindi, possiamo mettere da parte il nostro complesso di Frankenstein?

Non è così semplice. Il fatto è che la macchina non è in grado di capire lo spirito della legge, può solo attenersi ciecamente alla lettera. La macchina non interpreta le sue istruzioni.

Nel racconto *A mani giunte* (*With Folded Hands*, 1947) di Jack Williamson, degli umanoidi artificiali, guidati dalla "direttiva primaria: servire, obbedire e salvaguardare gli uomini dal male", non lasciano più svolgere loro alcuna attività agli umani, e giungono anche a lobotomizzarli per renderli felici. Una rappresentazione estrema di un problema reale.

Come la scopa animata dall'apprendista stregone, la macchina che ubbidisce troppo è altrettanto incontrollabile di quella che non ubbidisce affatto.

Un problema questo ben noto all'umanità, in un'altra forma, già nell'antichità. Secondo la leggenda, Dioniso concesse a Mida, Re di Frigia, di esaudire un desiderio come ricompensa per aver ritrovato il suo tutore, il satiro Sileno. Mida chiese di poter tramutare in oro tutto ciò che toccasse. Ma il tocco di Mida diventa una maledizione che gli impedisce persino di mangiare.

Come ben sintetizza un altro grande scrittore di fantascienza, Robert Heinlein, in un suo romanzo: "Le formule magiche non ragionano, operano alla lettera come i computer". E il paragone calza, poiché "una tecnologia sufficientemente avanzata è indistinguibile dalla magia" (Arthur C. Clarke).

Riappare qui ancora quello che è il vero limite della macchina: senza comprensione non ci può essere alcuna interpretazione.

Capitolo 6

LA MACCHINA BATTE LA MENTE

Turing di nuovo a Manchester: scacchi

Proprio la comprensione umana era il tema dell'intervento del fisico-matematico e filosofo della scienza Sir Roger Penrose alla Alan Turing Centenary Conference, organizzata dall'Università di Manchester dal 22 al 25 giugno 2012 nell'ambito dell'Anno di Turing: una serie di manifestazioni in onore di Alan Turing, nato il 23 giugno 1912. Alla conferenza furono invitate figure di spicco della matematica, della crittografia, dei disparati campi dell'informatica, tra cui molti Premi Turing.

Le caratteristiche della mente umana, anche in rapporto ai computer e alle leggi della fisica, e come si possa spiegare il fenomeno della coscienza, sono tra gli argomenti preferiti di Penrose, e ne accenneremo ancora nel prossimo capitolo.

Tra gli illustri personaggi che parlarono nella neogotica Manchester Town Hall c'era poi Garry Kasparov, 13° Campione del Mondo (dal 1985 al 2000) e uno dei più grandi giocatori di scacchi di tutti i tempi, superato probabilmente solo dall'attuale Campione del Mondo, il giovane norvegese Magnus Carlsen.

L'intervento di Kasparov alla conferenza era incentrato sul primo algoritmo al mondo in grado di giocare a scacchi, sviluppato da Alan Turing nel 1948, quando ancora non esisteva fisicamente un computer che potesse eseguirlo.

Se si vuole citare un esempio di attività in cui l'intelligenza ha un un ruolo predominante, viene subito alla mente il gioco degli scacchi. Nell'immaginario collettivo gli scacchi sono sempre stati associati all'abilità mentale, forse più che altre discipline. E negli scacchi non c'è lancio di dadi né mescolamento di carte: *In me vis sortis nulla sed ingenium*, recitava il motto di una storica rivista di scacchi italiana. Perciò si capisce come, volendo cercare di codificare in un algoritmo un'attività di alto livello dell'ingegno umano, la cosa più ovvia che viene in mente, oltre alla matematica, sono gli scacchi, che di tale ingegno assurgono a simbolo e paradigma.

Figura 6.1 – Garry Kasparov (in piedi) alla Alan Turing Centenary Conference (*fonte*: ChessBase).

I vantaggi degli scacchi quali banco di prova dell'intelligenza artificiale vennero così elencati da Donald Michie, anche lui criptoanalista a Bletchley Park durante la guerra e poi fondatore dell'Istituto Turing a Glasgow:

1. Gli scacchi costituiscono un ambiente perfettamente definito e ben formalizzato.
2. Il gioco mette alla prova i livelli più alti delle capacità intellettuali umane.

3. Viene coinvolto l'intero campo delle funzioni cognitive, come calcolo logico, apprendimento mnemonico, formazione di concetti, pensiero analogico, immaginazione, ragionamento deduttivo e induttivo.
4. Si è accumulato nei secoli un massiccio e dettagliato corpus di conoscenze scacchistiche in forma di opere didattiche e di partite commentate.
5. È disponibile una valutazione numerica universalmente accettata della prestazione scacchistica, quale il sistema di rating della Federazione Scacchistica degli Stati Uniti o il sistema Elo Internazionale.

L'ultimo punto è conseguenza del fatto che gli scacchi sono una competizione: questo fa sì che la prestazione scacchistica sia immediatamente e oggettivamente misurabile. La bontà di un algoritmo per il gioco degli scacchi si vede subito dai suoi risultati contro giocatori umani di un determinato livello.

Turing aveva cominciato a pensare ad algoritmi di tipo euristico per il gioco degli scacchi già nel 1941 a Bletchley Park. Poi nel 1948, a Manchester, lui e David Champernowne, suo vecchio compagno di college a Cambridge, scrissero un algoritmo scacchistico come sequenza di regole su fogli di carta, e lo denominarono *Turochamp*.

Se le possibili configurazioni di Enigma erano già un numero astronomico, quelle degli scacchi sono semplicemente inaccessibili anche a qualunque supercomputer odierno. È stato calcolato infatti che il numero totale di posizioni in una partita di al più quaranta mosse è dell'ordine di 10^{43}, ossia 1 seguito da 43 zeri. Di conseguenza è di fatto impossibile che il gioco degli scacchi venga, come si dice, risolto. In un gioco risolto tutte le possibili configurazioni possono essere calcolate una volta per tutte e tabulate, dopodiché in qualunque posizione è sempre nota la mossa migliore, almeno a un computer che ha un rapido accesso alle tavole: l'errore è escluso. Per esempio, il gioco del tris, evidentemente molto meno complesso degli scacchi, è completamente risolto.

Così come avviene per la crittografia, quindi, non potendo applicare la forza bruta bisogna impiegare un metodo euristico, in pratica dei criteri di selezione per il calcolo della mossa, che molte volte produce la soluzione (una buona mossa, o la mossa migliore), ma che per la stessa natura può anche sbagliare, in quanto la mossa migliore potrebbe trovarsi tra quelle che i criteri applicati non hanno portato a selezionare.

Questa intuizione è un merito di Turing e si estende a ogni altro campo specifico in cui si vuole imitare l'intelligenza umana. Per certi versi, si può dire quindi che un computer che opera euristicamente è più umano: perché non calcola a forza bruta e perché può anche sbagliare.

A questo punto, è semplicemente la maggiore o minore frequenza dell'errore (tenendo conto anche del peso di quest'ultimo) che cambia le cose. Tutti gli scacchisti sanno che le partite a scacchi non si vincono, ma piuttosto si perdono. O, equivalentemente, che a scacchi vince chi fa il penultimo errore. Senza voler banalizzare, si può dire che la differenza di prestazione tra giocatori umani in ultima analisi si riconduce a questo: alla diversa frequenza pesata dell'errore. E lo stesso vale per i programmi scacchistici, tra di loro e nel confronto tra uomini e macchine. Più l'algoritmo è raffinato (e più l'hardware è potente e veloce), più la macchina giocherà bene; ma mai perfettamente.

■ La scelta della mossa

Clotilde siede alla scacchiera di fronte alla sua avversaria Grimilde. La mossa è a lei in questa importante partita per la vittoria finale nel torneo. Come fa Clotilde a scegliere la mossa da giocare?

Immaginiamo che cominci col prendere in considerazione una mossa tra quelle possibili nella posizione che ha davanti, secondo le regole del gioco, ossia come si dice una delle mosse *legali*. Clotilde elenca allora mentalmente tutte le possibili risposte di Grimilde, poi le proprie possibili risposte e così via, formando un *albero* di varianti. Fino a quando? Poiché né Clotilde né nessun computer possono arrivare fino in fondo a esaurire tutte le possibili partite a scacchi, il modo di procedere in pratica può essere questo:

- Clotilde si limita a considerare solo qualcuna delle mosse legali, diciamo due o tre, che lei ritiene sensate secondo certe caratteristiche della posizione, per esempio perché catturano un pezzo avversario o danno scacco o portano una minaccia all'avversaria.
- Per ognuna di esse, Clotilde calcola un piccolo numero di possibili risposte sensate di Grimilde, e così via fino a una certa, limitata profondità, per esempio 3 semi-mosse (3 *ply*, in gergo), che vuol dire: prima mossa di Clotilde, prima mossa di Grimilde, seconda mossa di Clotilde. Quello che Clotilde ha fatto finora è una vera e propria potatura dell'albero, che viene ridotto solo a pochi rami.
- Alle posizioni (nodi) finali dell'albero potato, Clotilde assegna una valutazione, e in questo consiste principalmente l'euristica che lei impiega. Per esempio, in uno dei nodi finali, ovverosia in una delle posizioni dopo tre mezze mosse prese in considerazione, Clotilde valuta di essere in vantaggio decisivo perché rispetto alla posizione iniziale ha un pezzo in più.
- Clotilde gioca la mossa, tra quelle analizzate con questo metodo, che porta a posizioni finali più vantaggiose, ossia con valutazione più alta.

In linea di principio, un programma per computer che gioca a scacchi procede in maniera simile, Turochamp compreso. Ovviamente, un programma deve lavorare in maniera quantitativa, dato che sa solamente calcolare, per cui la sua valutazione di un'assegnata posizione è una valutazione numerica che considera:

- il valore dei pezzi (*materiale*) che i due schieramenti hanno sulla scacchiera. Pedone =1; Cavallo =3; Alfiere =3,5; Torre = 5; Donna = 10 sono i valori utilizzati da Turochamp;
- come questi pezzi sono disposti, il loro valore *posizionale*. Mobilità e sicurezza dei pezzi, per esempio, vengono valutate numericamente.

La *funzione di valutazione*, insieme all'algoritmo per la potatura e l'utilizzo dell'albero, sono le due parti fondamentali del programma. In esse, e specialmente nella prima, confluiscono l'intelligenza, l'esperienza e l'ingegno di forti giocatori e di esperti programmatori.

Naturalmente l'hardware ha il suo peso, perché tanto più alto è il numero di posizioni nell'unità di tempo (misurato in *kilonodi al secondo*) che il computer è capace di valutare, tanto migliore è la sua prestazione, a parità di altre cose.

Ma torniamo a Turochamp. In mancanza di un hardware adatto alla bisogna, il programma veniva eseguito con carta e matita da Turing stesso seguendo pedissequamente le istruzioni, quindi di fatto simulando una macchina di calcolo; ragione per cui talvolta ci si riferisce a Turochamp come *paper machine* (macchina di carta). Turing impiegava circa mezz'ora per calcolare una mossa in questo modo. Turochamp vinse una partita contro la moglie di Champernowne, che però era una debole giocatrice.

L'unica partita della macchina di carta che è stata trascritta e conservata tuttavia è quella che, sempre con il solito sistema, Turochamp giocò e perse nel 1952 contro Alik Glennie, il quale aveva tra l'altro lavorato con Turing al progetto del Manchester Mark 1; la partita quindi entra nella storia come la prima giocata da un algoritmo. Turing poi iniziò a programmare la sua macchina scacchistica per un computer vero: il Ferranti Mark 1, primo computer *general purpose* commerciale, basato sul Manchester Mark 1 e consegnato all'Università di Manchester nel febbraio 1951; tuttavia il programma non fu portato a termine, perché il computer aveva altri compiti da sbrigare. A ogni modo, Turing descrisse il suo algoritmo in un articolo del 1953.

Garry Kasparov raccontò alla conferenza come, sulla base di questa descrizione, Mathias Feist di ChessBase, in collaborazione con il Premio Turing Ken Thompson, ricostruì nel 2004 la macchina di carta scacchistica di Turing per poterla fare girare su un computer moderno.

Oggi i programmi scacchistici, disponibili per i normali PC, si dividono in due parti distinte e separate:

- L'*interfaccia grafica*, che sullo schermo presenta la scacchiera con i pezzi; l'utilizzatore può eseguire delle mosse con il mouse, configurare parametri e opzioni, gestire archivi di partite ecc.
- Il *motore scacchistico*, il quale contiene l'algoritmo di gioco vero e proprio che calcola le mosse. Da notare come questa denominazione, in inglese "chess engine", si riallacci alla tradizione di Babbage e Turing.

In generale quindi sotto la stessa interfaccia grafica possono girare diversi motori e, viceversa, un dato motore può girare sotto varie interfacce. Feist e Thompson realizzarono così un motore scacchistico, che poteva girare sotto l'interfaccia di ChessBase, e lo chiamarono *Turing engine*. Diversi problemi dovettero essere risolti nel corso di questa ricostruzione: per esempio, lo stallo non era previsto nell'algoritmo originale di Turing.

Ovviamente il livello di gioco del Turing engine non è neanche lontanamente paragonabile a quello dei moderni motori scacchistici, né, del resto, a quello di uno scacchista umano dilettante. Ma l'operazione di Feist e Thompson ha un grande valore storico, e rende omaggio al visionario pioniere Alan Turing.

Lo stesso valore storico e lo stesso omaggio rappresenta la partita che a Manchester, a conclusione del suo intervento, Kasparov giocò contro il motore scacchistico di Turing, al di là dello scontato risultato. Vediamo nella Figura 6.1 l'inizio di questo emblematico incontro; Frederic Friedel di ChessBase, seduto nella foto, opera il computer.

Nei sessantotto anni trascorsi da Turochamp gli scacchi per computer hanno fatto parecchia strada.

Oggi ci sono interfacce e motori sia commerciali sia freeware. Molti motori sono in grado di battere i migliori umani anche su un semplice laptop, e al di là del gioco in sé possono essere usati, insieme a praticissime e gradevoli interfacce grafiche, per l'analisi di posizioni e di partite proprie o altrui e in generale per la preparazione, lo studio e il miglioramento del proprio livello di gioco. Oltre naturalmente all'interesse intrinseco generale che ha lo sviluppo degli algoritmi e delle tecniche in essi impiegati. Nel momento in cui scrivo, in cima alla lista dei motori secondo la forza di gioco si trova proprio un motore gratuito: Stockfish (Figura 6.2).

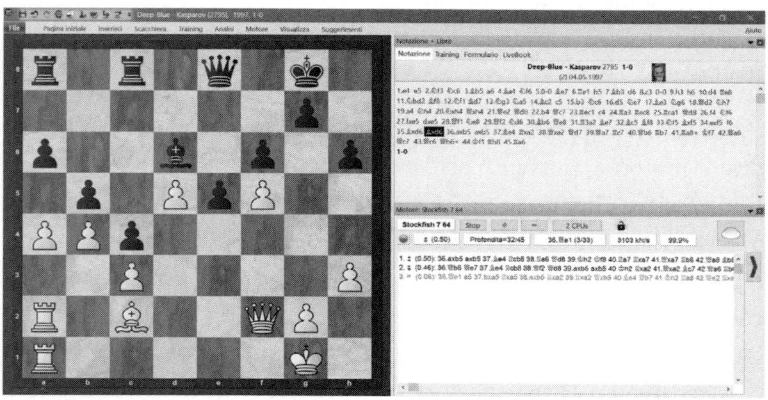

Figura 6.2 – Il motore scacchistico Stockfish analizza una famosa posizione.

Ci sono dei passaggi molto interessanti nella storia di questo sviluppo, per certi versi pietre miliari del confronto mente-macchina. Ma c'è anche una sorta di pre-storia, altrettanto interessante: la straordinaria vicenda del Turco.

L'automa scacchistico: il Turco

Nel 1770 Wolfgang von Kempelen presentò all'Imperatrice Maria Teresa d'Austria nella reggia di Schönbrunn un automa di sua creazione. Con fattezze umane, in abiti turchi e turbante e con tanto di lunghissima pipa, l'automa era in grado di giocare a scacchi muovendo i pezzi sulla scacchiera con la sua mano sinistra artificiale. Meraviglia della meccanica, il Turco dimostrò anche la sua prodigiosa abilità nel gioco sbaragliando con facilità i cortigiani che si misurarono con lui.

Gli automi, ingegnosi congegni meccanici semoventi costruiti in forma di esseri umani o di animali, sono da considerare gli antenati dei robot. Nel Settecento e nell'Ottocento erano diffusi come giocattoli o comunque come intrattenimento per le corti europee.

Questa particolare tecnica aveva raggiunto un alto grado di sviluppo, come testimoniano anche gli elaborati orologi di chiese e altri edifici che talvolta includono anche personaggi meccanici semoventi che si esibiscono a ore fissate. L'imitazione delle facoltà degli esseri viventi da parte degli automi poteva andare dal disegno alla danza, a un'esecuzione musicale come nel flautista di Jacques de Vaucanson, o addirittura a una funzione fisiologica, come la digestione del cibo in un'anatra meccanica dello stesso Vaucanson.

Ma l'automa di von Kempelen aveva qualcosa di più: il Turco riproduceva pienamente un'elevata facoltà intellettuale umana. Che oggi un computer possa competere e persino eccellere nel gioco degli scacchi non appare come una magia, ma certo nessuno sarebbe disposto a credere che un congegno meccanico, per quanto capace di imitare i movimenti del corpo umano, possa giocare a scacchi. Se un computer non pensa ma può imitare il pensiero eseguendo dei calcoli, a un automa non verrebbe sicuramente ascritta neanche questa possibilità: gli algoritmi eseguibili da un apparato meccanico sono estremamente limitati.

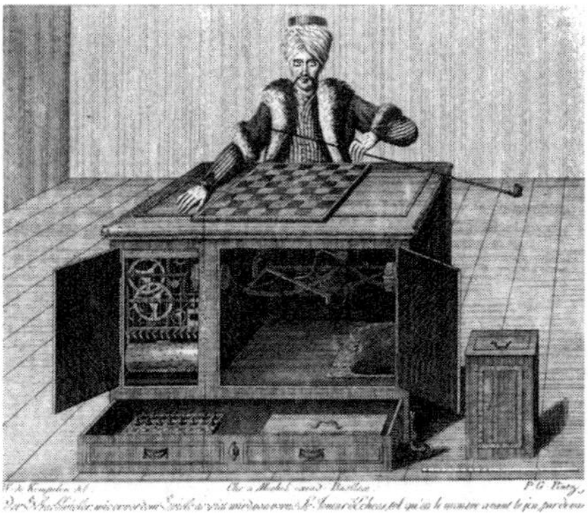

Figura 6.3 – Il Turco (*fonte*: Wikimedia Commons).

Tuttavia nella concezione meccanicistica settecentesca ben si inquadrava che rotelline e ingranaggi potessero generare un pensiero. Questa è sicuramente una delle ragioni per cui il Turco, dalla sua creazione almeno fino al 1838, poté esibirsi con grande successo nel Vecchio e nel Nuovo Mondo e oltre, destando la meravigliata ammirazione di ogni genere di pubblico.

In realtà von Kempelen non era interessato ad andare al di là di qualche dimostrazione a corte e solo malvolentieri acconsentì a una tournée europea. A condurre per lunghi anni il Turco in giro per il mondo fu poi colui il quale comprò l'automa nel 1804 dopo la morte del suo creatore: Johann Nepomuk Mälzel.

A differenza dei moderni prestigiatori, che possono intrattenere e meravigliare con le loro magie nonostante dichiarino che il trucco c'è ma non si vede, von Kempelen e Mälzel mai presentarono il Turco come non genuino e tennero accuratamente celato il segreto dell'automa fino all'ultimo. All'inizio di ogni esibizione essi aprivano uno alla volta gli sportelli del cassone (110×75×60 cm) su cui era posto l'automa per mostrare l'interno della macchina e i suoi ingranaggi, e fugare così i dubbi degli scettici. Alcuni irriducibili naturalmente rimanevano tali, e sospettavano bambini, nani o uomini senza gambe nascosti nella macchina.

In effetti, il Turco era un autentico capolavoro d'illusionismo, estremamente ingegnoso in ogni particolare. All'interno sedeva un maestro del gioco, di piccola statura, il quale poteva slittare da un comparto all'altro (quello con gli ingranaggi occupava solo un terzo della profondità) a seconda di come venivano aperti gli sportelli. Questo operatore utilizzava una piccola scacchiera; poteva vedere le mosse eseguite sulla scacchiera esterna grazie allo spostamento delle calamite poste al di sotto di essa, e poteva eseguire le proprie mosse su di essa mediante un pantografo. Aveva persino a disposizione una candela per la necessaria illuminazione, il cui fumo veniva disperso attraverso il turbante in modo da essere dissimulato da quello delle candele disposte in sala.

Chi abbia adoperato il Turco con von Kempelen non si sa. I collaboratori segreti di Mälzel invece sono noti: fortissimi giocatori che, soprattutto per ragioni economiche, accettarono di prestarsi ad animare la macchina. Il primo di essi fu Johann Baptist Allgeier, di una certa notorietà nella storia degli scacchi (i lettori scacchisti rammenteranno il Gambetto Allgeier, una variante del Gambetto di Re).

Figura 6.4 – Il segreto del Turco (*fonte*: Wikimedia Commons).

I personaggi celebri che hanno giocato contro il Turco o che semplicemente hanno assistito alle sue esibizioni sono innumerevoli. Napoleone in persona si batté contro l'automa (operato da Allgeier) a Schönbrunn nel 1809.

A una delle numerose esibizioni del Turco in America era presente Edgard Allan Poe, il quale poi nell'aprile 1836 pubblicò il saggio *Il giocatore di scacchi di Mälzel* (*Maelzel's Chess-Player*). Poe non può credere neanche per un momento che si tratti di una vera macchina, la quale esegua le sue operazioni senza intervento umano. Egli si cala quindi nel ruolo di Giudice di questo test di Turing rovesciato, per smascherare l'uomo che si spaccia per macchina. La sua analisi è cristallina. Dopo aver parlato di automi storici, Poe continua così:

> Ma se queste macchine erano ingegnose, che cosa dobbiamo pensare della macchina di calcolo di Mr. Babbage? Che cosa dobbiamo pensare di un motore di legno e metallo che non solo può calcolare tavole astronomiche e di navigazione fin dove si vuole, ma anche rendere la precisione dei suoi calcoli matematicamente certa grazie alla capacità di correggere i propri errori? (...) Si dirà, in risposta, che una macchina come quella che abbiamo descritto si pone totalmente al di sopra del giocatore di scacchi di Mälzel. Niente affatto – è totalmente al di sotto di essa. (...) I calcoli aritmetici o algebrici sono, per loro natura, fissi e determinati. Fornendo certi dati, certi risultati seguono necessariamente e inevitabilmente. (...) Ma il caso del giocatore di scacchi è completamente diverso. Lì non c'è una progressione determinata. Nessuna mossa a scacchi segue necessariamente da una qualunque altra. Da nessuna particolare disposizione dei pezzi in un certo punto della partita possiamo predire la loro disposizione in un altro punto. (...) Tutto dipende allora dal giudizio variabile dei giocatori. (...) Non c'è dunque analogia di sorta tra le operazioni del giocatore di scacchi e quelle della macchina di calcolo di Mr. Babbage, e se scegliamo di chiamare la prima una "pura macchina" dobbiamo essere pronti ad ammettere che si tratta, oltre ogni confronto, della più meravigliosa delle invenzioni dell'umanità. (...) È del tutto

certo che le operazioni dell'automa sono regolate da una "mente", e da nient'altro.

Poe propone poi la sua spiegazione di come una persona potrebbe star nascosta nella macchina e muoversi da un comparto a un altro. Degna di nota però è l'osservazione che Poe porta a sostegno della sua convinzione che il Turco sia mosso da una mente e non da una macchina:

L'automa non vince invariabilmente la partita. Se la macchina fosse una pura macchina, non sarebbe così – vincerebbe sempre.

Poe quindi dà per scontato che il modo di operare di una macchina sia per definizione quello esaustivo, che considera tutte le possibili configurazioni, e che è scevro da errori. Certamente, più di cento anni prima dell'idea di Turing, Poe non poteva immaginare che una macchina, imitando proprio la mente umana, potrebbe trovarsi a fare la sua scelta solo sulla base di determinati criteri, ossia nel modo che abbiamo definito euristico, e così facendo commetterebbe errori.

Levy, Kasparov e Chomsky

Nello stesso anno di *2001: Odissea nello spazio*, il 1968, il Maestro Internazionale di scacchi, nonché informatico, David Levy fece una celebre scommessa. Durante un convegno sull'intelligenza artificiale organizzato da David Michie a Edimburgo, Levy vinse una partita a scacchi contro John McCarthy, il quale in risposta predisse che entro dieci anni un computer avrebbe battuto Levy. La "scommessa di Levy" venne allora lanciata: David Levy scommise 500 sterline che la profezia non si sarebbe avverata. A McCarthy si unirono poi Michie e altri due ricercatori nel campo AI, Seymour Papert e Ed Kozdrowicki, portando così l'ammontare a 1250 sterline. Levy evidentemente non era ottimista circa i progressi dei computer negli scacchi. Nel 1973 così vedeva la situazione:

> Chiaramente vincerò la mia scommessa nel 1978, e la vincerei comunque anche se il periodo venisse esteso di altri dieci anni. Considerata la mancanza di progressi concettuali delle ultime due decadi, sono tentato di speculare che un programma per computer non otterrà il titolo di Maestro Internazionale prima della fine del secolo, e che l'idea di un Campione del Mondo elettronico appartiene solo alle pagine di un libro di fantascienza.

E dunque nel 1978, allo scadere del periodo di tempo fissato dalla scommessa, si svolse la sfida che doveva determinare chi aveva vinto. David Levy giocò a Toronto un match a cadenza di torneo, sulla lunghezza di sei partite, contro *Chess*, che negli anni Settanta dominava la scena dei programmi scacchistici. Il programma, giunto alla versione 4.7, girava su un CDC Cyber 176, supercomputer dell'epoca sito nel Minnesota; le mosse venivano trasmesse telefonicamente. I computer CDC della serie Cyber 170 furono i primi a utilizzare circuiti integrati anziché componenti discreti.

Levy vinse il match (3½ a 1½; la patta conta mezzo punto), ma Chess poté pattare una partita e perfino vincerne un'altra. La cosa destò sensazione e in qualche modo segnò un punto di svolta, dato che si trattava della prima vittoria di un computer contro un umano di livello magistrale. Alla fine David Levy aveva vinto la sua personale scommessa, ma doveva veder fallire miseramente la sua personale controprofezia.

A partire dagli anni Ottanta la legge di Moore nell'hardware e i progressi delle tecniche euristiche nel software resero inarrestabile la corsa del computer, e se gli esperti erano in disaccordo circa il quando, ormai nessuno poteva più dubitare che la macchina avrebbe raggiunto il traguardo finale: battere il miglior umano, e non semplicemente in una singola partita bensì in un regolare match.

Entrambe queste pietre miliari furono appannaggio del supercomputer Deep Blue dell'IBM (il nomignolo datogli in azienda è Big Blue), costruito apposta, hardware e software, per questo fine.

Nel 1996 a Philadelphia Garry Kasparov vinse per 4 a 2 un match di sei partite contro Deep Blue, ma perse la prima partita e ne pattò altre due.

Il match che ha fatto la storia tuttavia è quello di rivincita del 1997 a New York: una versione migliorata di Deep Blue (qualcuno lo chiamava Deeper Blue) sconfisse il Campione del Mondo col risultato di 3½ a 2½ (due vittorie di Deep Blue, una di Kasparov, e tre patte). Quattro anni prima di HAL 9000.

Kasparov sospettò persino che nella seconda partita del match, vinta da Deep Blue, la macchina fosse stata "aiutata" da un umano, per via di una mossa particolarmente creativa che giocò, la 36ª del Bianco. Per la cronaca, in quella posizione la prima scelta di tutti i motori di punta odierni è esattamente la mossa scelta da Deep Blue (vedi Figura 6.2). A ogni buon conto, l'accusa non poté essere provata, e quindici anni dopo il match uno dei progettisti dell'IBM affermò addirittura che, al contrario, si sarebbe trattato di un baco del software: Deep Blue non era in grado di scegliere una mossa in quella posizione e allora ne fece una a caso. La verità è semplicemente che la macchina, negli scacchi, aveva preso il sopravvento. Del resto, la vittoria nel match di New York non fu un fatto occasionale, come i successivi programmi scacchistici per computer hanno confermato.

Si tratta, quindi, di una vergognosa sconfitta dell'umanità, che perde il suo primato intellettuale? La creatura metaforicamente si ribella al suo creatore, all'uomo? A parte il fatto che Deep Blue è esattamente una conquista intellettuale dell'umanità, la risposta più calzante è ciò che il linguista e filosofo Noam Chomsky scrisse nel suo libro *Lingua e pensiero* (*Language and Thought*) già nel 1993:

> Un computer che batte un Grande Maestro a scacchi desta lo stesso interesse di un bulldozer che vince una gara di sollevamento pesi.

Ci sono stati altri match uomo-macchina dopo il 1997, ma in pochi anni la cosa ha perso interesse. Gli uomini continuano a competere tra loro in tornei di scacchi e gare di sollevamento pesi, e corrono i cento metri e le maratone anche se un'automobile può fare molto meglio.

Paradossalmente, una volta provata definitivamente la sua sovrumanità, il computer scacchistico torna a essere quello che sono il sovrumano bulldozer e la sovrumana automobile: un attrezzo al servizio del suo creatore.

Capitolo 7

LA MENTE È UNA MACCHINA?

L'imitazione del cervello

La BBC mandò in onda nel mese di maggio del 1951 una serie di trasmissioni radio sulle "macchine di calcolo automatiche". Tra i vari relatori c'era, oltre al solito Max Newman, anche Alan Turing, il quale presentò un intervento dal titolo *I computer digitali possono pensare?* L'intervento è molto interessante perché ci dà un'indicazione delle idee di Turing a riguardo, specialmente nei confronti del cervello umano (intendendo più che l'organo la sua funzionalità, ossia la mente) e su come imitarlo. Idee che per certi versi si presentano come un'evoluzione di quelle alla base del suo gioco dell'imitazione.

La relazione inizia in questo modo:

> I computer digitali sono spesso stati descritti come cervelli meccanici. La maggior parte degli scienziati probabilmente considera questa denominazione una mera trovata giornalistica. Un matematico mi ha espresso il punto di vista opposto in maniera piuttosto vigorosa, con le parole: "Si suole dire che queste macchine non sono cervelli, ma tu e io sappiamo che lo sono".

Turing poi spiega:

> Un computer digitale è una macchina *universale*, nel senso che può rimpiazzare una qualunque macchina di una certa classe molto ampia. (...) Se ora una particolare macchina può essere descritta come cervello, dobbiamo solo programmare il nostro computer digitale per imitarla, ed esso pure sarà un cervello. Se si accetta che i reali cervelli, come quelli degli animali e in particolare degli uomini, sono una specie di macchina, ne segue che il nostro computer digitale si comporterà come un cervello.

Il sillogismo che Turing propone sarebbe quindi il seguente: tutte le macchine di calcolo possono essere imitate da un computer, il cervello è una macchina di calcolo, dunque il cervello può essere imitato da un computer. Evidentemente, inoltre, Turing ritiene che se una macchina imita, o si comporta come un cervello, allora la macchina è un cervello. Egli poi aggiunge:

> Il nostro principale problema è come programmare una macchina per imitare un cervello, ovvero potremmo dire, in maniera più sintetica sebbene meno accurata, per pensare.

A differenza dell'articolo del 1950, quindi, ora Turing prende esplicitamente in considerazione, ancorché con cautela, l'idea che la macchina pensi.

La tesi che Turing presenta è dunque quella che modernamente viene denominata Intelligenza artificiale forte, alla quale Searle contrappone il suo argomento della stanza cinese.

Nel passaggio sopra citato Turing riconosce che però, se assumiamo che il cervello può essere imitato da un computer, esattamente come ciò possa essere fatto in pratica non è immediatamente ovvio. Le difficoltà che Turing vede sono sostanzialmente due, e non sono da poco: il fatto che la mente umana manifesta un libero arbitrio (su cui torneremo a breve), e il fatto che la macchina può fare solo quello che è stata programmata per fare.

Ma a parte gli argomenti pro e contro di tipo razionale, appare inevitabilmente lo spettro del complesso di Frankenstein:

> Molti sono decisamente contrari alla prospettiva di una macchina che pensa. (...) Se una macchina può pensare, potrebbe pensare più intelligentemente di noi, e che ne sarebbe allora di noi? (...) Questo nuovo pericolo (...) se si presenterà sarà certamente entro il prossimo millennio. È remoto ma non astronomicamente remoto, ed è certamente qualcosa che ci può rendere ansiosi.

A conclusione del suo intervento Turing si dimostra ottimista circa le possibilità dell'intelligenza artificiale, altrettanto ottimista dei creatori di *2001: Odissea nello spazio*:

> Si è soliti, a conclusione di un discorso o articolo su questo argomento, offrire un grano di conforto, in forma dell'affermazione che una certa particolare caratteristica umana non potrebbe mai essere imitata da una macchina. Si potrebbe per esempio dire che nessuna macchina sarebbe in grado di scrivere in inglese corretto, o essere influenzata dal sex-appeal o fumare la pipa. Io non posso offrire questo conforto, poiché credo che nessun limite si possa porre. (...) Tutto il processo del pensiero ci appare ancora piuttosto misterioso, ma io credo che il tentativo di realizzare una macchina pensante senz'altro ci aiuterà a scoprire come noi stessi pensiamo.

Replicanti

Evidentemente però il punto cardine di tutto questo è la premessa minore del sillogismo di Turing: si tratta, nell'ambito della strong AI, del punto di vista computazionalista, secondo cui la mente altro non è che un sistema di elaborazione di informazioni: una macchina di calcolo, appunto, che funziona in maniera algoritmica. Senza questo assunto crolla tutto il ragionamento.

La vera questione pertanto è: possiamo considerare la mente umana una macchina di calcolo?

Che molti siano disposti a rispondere di sì può anche non stupire, considerato che le concezioni che l'umanità ha della natura e di se stessa sembrano essere influenzate dalla tecnologia dominante del momento. Se nel Settecento l'intero universo ed eventualmente anche il nostro cervello potevano essere considerati dei perfetti meccanismi a orologeria, nel XX secolo universo e mente possono essere visti come dei computer.

Il fatto però è che la mente sembra avere qualcosa in più, come già accennato: la coscienza di sé e il libero arbitrio. Bisognerebbe allora capire:

- esattamente di che cosa si tratta e come queste caratteristiche vengono in essere;
- se queste caratteristiche possono essere riprodotte in una macchina e come.

Tra i molti che non condividono l'idea che la mente sia solo un elaboratore di informazioni c'è Roger Penrose, il quale espone le proprie concezioni a riguardo in due sue notissime e stimolanti opere di taglio divulgativo: *La mente nuova dell'Imperatore* (*The Emperor's New Mind*, 1989) e *Ombre della mente* (*Shadows of the Mind*, 1994).

Penrose dimostra sulla base del teorema di non decidibilità di Turing che esistono processi deterministici che tuttavia non possono essere algoritmizzati. La sua tesi è che la coscienza è un tale fenomeno deterministico ma intrinsecamente non algoritmico, e di conseguenza questa caratteristica della mente non può essere riprodotta da una macchina. Nel secondo dei testi citati Penrose va più sullo specifico, ipotizzando che la coscienza sia il risultato di un fenomeno quantistico-gravitazionale agente sulle strutture intracellulari chiamate microtubuli.

Ma per macchina, o in sua vece, possiamo anche intendere qualcosa di molto più generale: un sistema fisico che può interagire con l'ambiente circostante. Il cervello umano è allora esattamente un tale sistema fisico e da questa prospettiva non sembrerebbe da escludere a priori che possa essere imitato ovvero duplicato.

Viene subito alla mente il dualismo, concezione radicata nella cultura occidentale e che risale a Cartesio e ancora prima a Platone: la mente non è qualcosa di fisico, ed è totalmente separata dal corpo fisico, compreso l'organo cervello. E pertanto non imitabile.

Tuttavia, volendo invece continuare a pensare che la mente sia un insieme di manifestazioni funzionali di un sistema fisico, appare del tutto naturale l'idea che queste molto particolari funzionalità siano possibili solo in un sistema fisico di tipo biologico. In fin dei conti, l'unico sistema che conosciamo il quale possieda caratteristiche superiori come la coscienza e il libero arbitrio è biologico.

Magari un giorno l'idea di riprodurre tali caratteristiche mediante l'elettronica ci farà sorridere nello stesso modo in cui oggi sorridiamo all'idea di un congegno meccanico in grado di giocare a scacchi. L'imitazione della mente (e in generale di ogni caratteristica umana) potrebbe, al pari del modello, essere biologica, alla Frankenstein: la tecnologia chiave da impiegare non sarà allora l'elettronica (né la positronica), bensì l'ingegneria genetica.

■ *Blade Runner*

Proprio androidi biologici sono, nel fittizio anno 2019, i replicanti del film di Ridley Scott *Blade Runner* (1982), basato su un romanzo di Philip K. Dick del 1968.
Questi esseri artificiali fisicamente indistinguibili dagli umani vengono prodotti mediante un'avanzata bioingegneria dalla *Tyrell Corporation*, ma ne è permesso l'impiego solo sulle colonie spaziali e non sulla Terra. Tuttavia quattro replicanti del modello Nexus-6 riescono a tornare sulla Terra per cercare di prolungare il loro periodo di servizio che

è geneticamente limitato a quattro anni. In una cupa e sovrappopolata Los Angeles, afflitta da una pioggia incessante, il Blade Runner Rick Deckard (Harrison Ford) dà loro la caccia per eliminarli.

I cacciatori di replicanti hanno a disposizione la macchina di Voight-Kampff per l'esecuzione di un omonimo test. Si tratta in effetti di un test di Turing, dato che serve per distinguere un replicante da un umano, sebbene realizzato in una forma che ricorda la cosiddetta macchina della verità: la macchina di Voight-Kampff misura dei parametri fisiologici come frequenza cardiaca e respiratoria e dilatazione delle pupille mentre il candidato risponde a delle domande dalla connotazione emozionale.

La mortalità è uno dei temi del film. Uno dei replicanti fuggiaschi, Roy, creatura dello stesso Tyrell, assiste a una partita a scacchi tra Tyrell e uno dei suoi progettisti genetici, Sebastian, il quale soffre di una malattia che provoca un invecchiamento accelerato. Roy suggerisce a Sebastian la combinazione vincente, e poi chiede al suo creatore di rimuovere il limite di quattro anni imposto alla sua vita. Poiché però Tyrell rifiuta, il replicante uccide i due umani.

Libero arbitrio

Comunque sia, quello del libero arbitrio è un problema particolarmente profondo, in quanto coinvolge le leggi delle fisica e di conseguenza la nostra concezione del mondo.

Un requisito essenziale per poter fare scienza è che il mondo presenti una certa regolarità, che la stessa causa nelle stesse condizioni produca sempre lo stesso effetto. Secondo la fisica classica, questa regolarità si esprime nel fatto che la natura è completamente deterministica: dato lo stato (posizione e velocità) di ogni singola particella nell'universo a un assegnato istante di tempo, le leggi della fisica determinano univocamente lo stato in ogni altro istante passato e futuro.

Il determinismo implica che non c'è alcuna possibilità di intervento né intenzionale né casuale: lo stato dell'intero universo com'è ora, in un certo istante, è conseguenza delle sue condizioni iniziali e delle leggi della fisica. E teniamo conto che la fisica è alla base della chimica e quindi della biologia.

Immaginiamo che una palla venga lanciata in aria da un assegnato punto della superficie terrestre, con una data inclinazione e velocità iniziale e a un dato istante di tempo. Le leggi della fisica determinano univocamente in quale punto ricadrà sulla superficie terrestre, e in quale istante, dopo avere eseguito una traiettoria a forma di parabola.

Si potrebbe obbiettare che se però una pietra colpisce la palla mentre questa sta eseguendo la sua traiettoria parabolica, la fa deviare e la fa finire a terra in un punto diverso e in un istante diverso. Vero, però anche la traiettoria della pietra è perfettamente determinata e quindi l'impatto tra palla e pietra in quel preciso istante e in quel preciso punto è qualcosa che era già scritta nelle condizioni iniziali dell'universo, e a partire da quelle viene determinata inevitabilmente dalle leggi della fisica.

In altre parole, non è affatto un caso che la pietra colpisce la palla. Il caso in fisica classica non esiste. Non c'è alcuna *vis sortis*. Quello che noi umani chiamiamo caso è solo un modello che impieghiamo perché in molte circostanze non siamo capaci in pratica di stabilire qual è lo stato di un sistema fisico né di calcolare da quello lo stato in un istante successivo. Nel lancio di un dado dovremmo conoscere per esempio posizione e velocità di ogni singola molecola d'aria nella stanza e molto di più.

Da notare che un algoritmo è qualcosa di perfettamente deterministico: dai dati iniziali produce univocamente i dati finali. Viceversa, non tutti i processi deterministici possono essere codificati in un algoritmo; semplicemente per mancanza di conoscenza esatta dei dati, oppure, come fa vedere Penrose, a causa di limitazioni intrinseche. A maggior ragione è escluso in fisica classica un intervento volontario: se Grimilde colpisce la palla lanciando la pietra, in una visione strettamente deterministica non si tratta di una causa prima, non è il suo libero arbitrio che agisce. Piuttosto, lo stato del sistema fisico costituito da cervello, nervi e muscoli, insieme alla pietra e alla palla, è predeterminato fin dall'origine dell'universo: che Grimilde lanci la pietra che colpisce la palla è un fatto automatico e inevitabile, un evento stabilito da una causa precedente, la quale dipende da una causa precedente ancora e così via.

Jorge Luis Borges così si figurava questo scenario nella sua poesia *Scacchi* (*Ajedrez*, 1960):

> Debole re, obliquo alfiere, spietata regina,
> torre diritta e pedone astuto
> sopra il nero e il bianco del cammino
> cercano e ingaggiano battaglia armata.
> Non sanno che la mano designata
> del giocatore ne governa il destino,
> non sanno che un rigore adamantino
> ne assoggetta l'arbitrio e l'azione.
> Ma anche il giocatore è prigioniero
> (l'affermazione è di Omar) di altra scacchiera
> di notti nere e di bianchi giorni.
> Dio muove il giocatore, e questi il pezzo.
> Che dio dietro Dio inizia la trama
> di polvere e tempo e sogno e agonie?

Come si può riconciliare, il determinismo con la circostanza che noi esseri umani sappiamo di agire volontariamente? Noi sappiamo di possedere un libero arbitrio che ci rende causa prima: possiamo liberamente decidere se e quando lanciare la pietra e colpire la palla, se e quando e perché muovere un certo pezzo sulla scacchiera.

Una possibile risposta è che in realtà il libero arbitrio, al pari del caso, non esista: è solo un'illusione della mente umana che semplicemente crede di agire liberamente, di prendere per davvero una decisione autonoma quando lancia la pietra. Benché questa tesi venga seriamente sostenuta da alcuni anche in ambito scientifico, a chi scrive appare del tutto inconcepibile. Non solo la partita a scacchi, ma anche la vasta scacchiera della Storia è forgiata dall'Uomo grazie al suo libero arbitrio. Senza accettare questa realtà è semplicemente inutile stare qui a discuterne, a scrivere e a leggere, o a giocare a scacchi, o a voler fare scienza.

Entrambe le cose sono necessarie perché ci sia una conoscenza e la sua evoluzione: il reame del determinismo e la libera scelta della mente umana di agire come causa prima di un evento. Diciamo allora che il posto del libero arbitrio nella scienza è ancora da scoprire. La fisica, a ogni modo, nelle sue applicazioni può elegantemente non tener conto di questo problema. La fisica infatti lavora per modelli, può calcolare con grande precisione come costruire un'astronave e inviarla su un pianeta extraterrestre includendo nei modelli adoperati tutte le variabili necessarie e solo quelle. Se così decidono liberamente degli esseri umani, naturalmente.

Lo scenario cambia in maniera sostanziale nella meccanica quantistica. Questa fondamentale teoria fisica del primo quarto del Novecento rivela, confortata da un numero enorme di conferme sperimentali, che il comportamento della natura a livello di molecole, atomi e particelle subatomiche presenta caratteristiche ben diverse rispetto alla fisica classica.

In particolare, il caso fa la sua comparsa nella scienza. Il vero caso, non semplicemente un modello per rimediare all'ignoranza umana: si sa ora che esso costituisce un elemento intrinseco delle leggi della natura.

In fisica quantistica tutto quello che si può fare è calcolare la probabilità di ottenere un certo valore all'atto della misura di una qualunque grandezza fisica associata a una particella.

Si noti che la maniera di calcolare questa probabilità e l'evoluzione temporale di quest'ultima prima della misura sono processi deterministici; è il valore che si rileva all'atto della misura a essere casuale.

Naturalmente i modelli della fisica classica rimangono applicabili, come caso limite per fenomeni macroscopici. Ma concettualmente è alla nuova visione della fisica quantistica che soggiacciono tutti i fenomeni della natura, tanto più che i suoi effetti sono anche macroscopici, come nell'esperimento mentale che propongo.

Dato un campione di materiale radioattivo, è possibile prevedere in maniera statistica la percentuale degli atomi che lo compongono che dopo un tempo assegnato avrà subito il decadimento. La descrizione è genuinamente statistica in quanto a livello del singolo atomo non si può prevedere con certezza se il suo nucleo in un assegnato intervallo di tempo decadrà oppure no: solo una probabilità può essere assegnata a questo evento.

Immaginiamo allora di costruire un dispositivo che lancia la pietra in maniera tale che dopo 2 secondi vada a colpire la palla durante il percorso in aria di quest'ultima. All'interno della pietra, però, è contenuto un marchingegno basato sul decadimento radioattivo di un singolo atomo. Nell'intervallo di tempo di 2 secondi, questo singolo atomo può decadere oppure no. Se decade, le particelle emesse nel processo mettono in moto un meccanismo che disintegra la pietra. Allora: in maniera totalmente, genuinamente, intrinsecamente casuale, la palla verrà deviata dalla sua traiettoria oppure no, con una probabilità ben definita.

La regolarità del mondo, in questa nuova concezione, si manifesta proprio nella definitezza di queste probabilità. Turing si occupò del problema della misura nella meccanica quantistica, ipotizzando un meccanismo non lineare che la spiegasse. E nel suo intervento radiofonico alla BBC, egli si pose in effetti il quesito se, alla luce della indeterminazione quantistica, il comportamento del cervello possa risultare calcolabile (e dunque riproducibile) oppure no: può darsi che il cervello contenga un elemento intrinsecamente casuale.

Un tale elemento, osserva Turing, potrebbe allora anche essere inserito in un algoritmo. Avremmo così una macchina meno prevedibile, e quindi ancora una volta soggetta a errori, e quindi dall'apparenza più umana. Ma certo si tratterebbe solo di un'apparenza.

Se da una parte questo progresso della conoscenza che è la fisica quantistica ci dice che il determinismo in fondo non regna assoluto sul mondo, tuttavia il libero arbitrio rimane ancora qualcosa di non spiegato.

Turing a Wilmslow: biologia

L'ottavo problema di Hilbert è uno dei quattro che tuttora rimangono irrisolti. David Hilbert aveva inserito all'ottavo posto della sua lista del 1900 alcune importanti questioni aperte nel campo della teoria dei numeri. Una di queste era la congettura di Goldbach, che infatti ancora nessuno ha potuto provare né smentire.

La principale, e pur essa irrisolta, era l'ipotesi di Riemann, la quale riguarda le caratteristiche degli zeri di una certa funzione chiamata funzione zeta di Riemann.

La relazione del matematico russo Jurij Matijasevič alla Alan Turing Centenary Conference del 2012 riguardava proprio l'importante lavoro compiuto da Alan Turing prima della guerra sull'ipotesi di Riemann. Matijasevič è notissimo tra i matematici per aver risolto, in senso negativo, un altro problema di Hilbert: il decimo.

Abbiamo visto nel capitolo 1 che, prendendo spunto proprio dal decimo problema di Hilbert, Turing aveva dimostrato che in ogni teoria formale ci sono necessariamente proposizioni indecidibili.

La particolare proposizione contenuta nel decimo problema, ossia se in generale un'equazione diofantina ha soluzioni, è in effetti una tale proposizione indecidibile: non esiste infatti un algoritmo generale che dica se una tale equazione ammetta soluzioni oppure no. Questo risultato è stato reso possibile dal lavoro di diversi matematici (Martin Davis, Julia Robinson, Hilary Putnam), e completato definitivamente da Jurij Matijasevič nel 1970.

È molto interessante il fatto che la maniera in cui Matijasevič dimostrò il suo teorema coinvolge i numeri di Fibonacci. Si tratta di una successione di numeri interi nota in Occidente fin dal *Liber abaci* (1202) di Leonardo Fibonacci da Pisa, manoscritto in latino conservato nella Biblioteca Nazionale Centrale di Firenze:

1 1 2 3 5 8 13 21 34 55 89 ...

Ciascun numero della sequenza è dato dalla somma dei due numeri precedenti. Molto semplice, ciononostante i numeri di Fibonacci compaiono nelle più svariate e insospettabili circostanze, e sono inoltre collegati con il numero aureo, ossia il numero irrazionale

$$\varphi = 1{,}6180339887...$$

nel senso che il rapporto tra due numeri di Fibonacci consecutivi approssima φ, tanto meglio quanto più si va avanti nella sequenza.

Si dice che due quantità positive (come lunghezze e intervalli di tempo) stanno in rapporto aureo se il rapporto tra la maggiore di esse e la minore è uguale al rapporto tra la somma delle due e la maggiore di esse; in tal caso il rapporto in questione vale φ. Il rapporto aureo è una proporzione armonica parecchio usata nell'architettura, nella musica, e nell'arte in generale poiché risulta esteticamente molto gradevole.

Il fatto che φ sia irrazionale vuol dire che due grandezze che stanno in rapporto aureo sono tra loro incommensurabili; allo stesso modo di come tra loro incommensurabili sono la diagonale e il lato di un quadrato, il cui rapporto è il numero irrazionale, e la circonferenza e il diametro di un cerchio, il cui rapporto è il numero irrazionale π. L'armonia dunque, come si vede, non è affatto appannaggio esclusivo dei numeri razionali come credeva Pitagora.

Sorprendentemente, poi, i numeri di Fibonacci appaiono in diverse strutture naturali; per esempio:

- Il numero di petali di un fiore è un numero di Fibonacci tra 3 e 89.
- I piccoli fiori nell'infiorescenza del girasole sono disposti secondo due serie di spirali, una in senso orario e una in senso antiorario; la quantità di fiori nei due tipi di spirali è data da due numeri di Fibonacci consecutivi, di solito 55 e 89.

- I numeri di Fibonacci compaiono nella maniera in cui le foglie di un albero vengono disposte spazialmente.

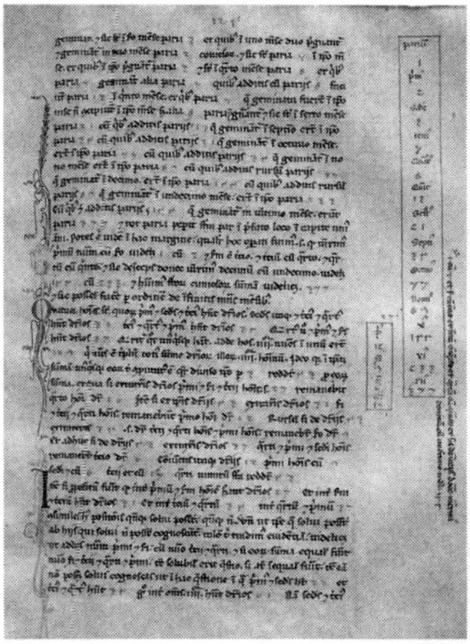

Figura 7.1 – Una pagina del *Liber abaci* con i numeri di Fibonacci (*fonte*: Wikimedia Commons).

Questo tipo di ordine predeterminato, potremmo dire programmato, nelle strutture naturali non poteva non attirare l'attenzione di Alan Turing. Tanto più che nella sua indagine su come imitare la mente, egli non poteva non arrivare a interessarsi del modello originale, quello biologico.

Turing già in precedenza aveva ipotizzato che la formazione di strutture a partire da una condizione amorfa fosse alla base dei meccanismi di apprendimento implementabili nelle reti neuronali. Il meccanismo per mezzo del quale un organismo biologico sviluppa la struttura e la forma delle parti da cui è costituito, ossia la morfogenesi, fu l'oggetto di un suo articolo del 1952, uno studio di biologia matematica.

Sempre alla Alan Turing Centenary Conference, Hans Meinhardt, un fisico passato alla biologia, parlò di questo articolo, pubblicato con il titolo *La base chimica della morfogenesi* (*The Chemical Basis of Morphogenesis*). In questo scritto Turing propone un modello matematico in cui la formazione di strutture biologiche potrebbe essere spiegata mediante un sistema di reazione e diffusione: diversi composti chimici che reagiscono tra loro e al tempo stesso si diffondono spazialmente.

Turing si era addentrato in tal modo ancora in un nuovo campo della conoscenza, ancora una volta in maniera innovativa, e ciò va ad aggiungersi alle altre sue conquiste ottenute nel breve intervallo di neanche vent'anni.

Sappiamo che nella sua abitazione sita nella cittadina di Wilmslow, diciotto chilometri a sud di Manchester, Turing, novello apprendista stregone, portava inoltre avanti autonomamente degli esperimenti chimici, principalmente concernenti l'elettrolisi.

Non sapremo mai che cosa il suo genio multiforme e precorritore avrebbe realizzato nei decenni che gli stavano davanti, in tutti i campi di cui si occupò e in altri che certamente ancora avrebbero attirato la sua fantasia creativa, poiché Alan Turing morì il 7 giugno 1954, poco prima di compiere quarantadue anni.

Turing e la mela

Il 23 gennaio 1952 un ladro entrò in casa di Alan Turing a Wilmslow, con la complicità di Arnold Murray, un giovane di Manchester con il quale Turing aveva una relazione. Nel riportare il fatto alla polizia, Turing ingenuamente parlò in maniera esplicita di questa sua relazione, con la conseguenza di venire incriminato. A quell'epoca in Inghilterra, come del resto in molti altri paesi, l'omosessualità era considerata un reato e perseguita penalmente. Il 31 marzo 1952 Alan Turing fu condannato a due anni di reclusione, ma per evitare il carcere accettò l'umiliante e disumana alternativa di un trattamento con estrogeni, di fatto una castrazione chimica, che egli subì per un anno.

Nel pomeriggio dell'8 giugno 1954 la donna di servizio trovò Turing morto nella sua camera da letto. Sul comodino c'era una mela morsicata. L'autopsia accertò che la morte era avvenuta il giorno prima ed era stata causata dall'ingestione di cianuro di potassio.

Il verdetto ufficiale fu: suicidio. Ma c'è anche chi sostiene la tesi della morte accidentale, dato che Turing maneggiava in casa sostanze chimiche tra cui anche il cianuro, e questa era pure la convinzione di sua madre. Può darsi che Turing abbia volutamente fatto in modo che si potesse credere a un incidente. Poi, qualcuno sostiene addirittura la tesi dell'omicidio, in connessione con la sua attività di criptoanalista, che Turing nella segretezza più totale ancora portava avanti per il Governo e dalla quale fu sospeso dopo la sua condanna.

Tuttavia il suicidio rimane l'ipotesi più verosimile, considerato che Turing in conseguenza di tutta questa vicenda soffriva di depressioni. La non molto approfondita inchiesta non ha accertato se il mortale cianuro fosse stato effettivamente ingerito mordendo la mela, ma in ogni caso Turing era solito dare qualche morso a una mela prima di addormentarsi.

Figura 7.2 – Grimilde, trasformata in una vecchia strega, offre a Biancaneve la mela avvelenata (*fonte*: Wikimedia Commons).

Alan Turing, comunque, a quanto pare aveva visto il film a cartoni animati della Walt Disney *Biancaneve e i sette nani* del 1937. La regina cattiva (che nella versione italiana si chiama Grimilde) nel preparare la mela stregata pronuncia la formula:

Dip the apple in the brew
Let the sleeping death seep through
(Metti il frutto nel veleno fino a quando ne sia pieno).

Nel parco Sackville a Manchester, su una panchina non distante dall'Università, siede una statua di Alan Turing con una targa ai suoi piedi:

> La matematica, osservata nel modo giusto, possiede non solo verità ma suprema bellezza, una bellezza fredda e austera come quella di una scultura.
>
> Bertrand Russel

Figura 7.3 – La targa commemorativa nel parco Sackville di Manchester (*fonte*: Wikimedia Commons).